JN234374

Bo concept®

目次 / CONTENTS

第1章 レストラン&ダイニングバー / CHAPTER 1 RESTAURANTS & DINING-BARS

レストラン サイン / RESTAURANT SIGNS	4
中国レストラン サイン / CHINESE RESTAURANT SIGNS	18
韓国料理&焼き肉レストラン サイン / KOREAN RESTAURANT SIGNS	23
カフェ サイン / CAFE SIGNS	26
カジュアルフード サイン / CASUAL FOOD RESTAURANT SIGNS	34
ダイニングバー サイン / DINING BAR SIGNS	42

第2章 和風レストラン&バー / CHAPTER 2 JAPANESE RESTAURANT & BAR

和ダイニング サイン / WA DINING SIGNS	54
チャコールダイニング サイン / JAPANESE GRILL RESTAURANT SIGNS	64
和風居酒屋 サイン / JAPANESE RESTAURANT-BAR SIGNS	73
日本料理店 サイン / JAPANESE RESTAURANT SIGNS	79
和食専門店 サイン / JAPANESE SPECIALTY RESTAURANT SIGNS	88

第3章 ブティック&専門店 / CHAPTER 3 BOUTIQUE & SPECIALTY SHOP

ブティック サイン / BOUTIQUE SIGNS	96
カジュアルブティック サイン / CASUAL BOUTIQUE SIGNS	110
ファッション専門店 サイン / FASHION SPECIALTY SHOP SIGNS	112
美容室 サイン / BEAUTY SALON SIGNS	122
陶器&民芸品店 サイン / POTTERY & FOLK CRAFT SHOP SIGNS	131
インテリアショップ サイン / INTERIOR SHOP SIGNS	132
各種専門店 サイン / SPECIALTY SHOP SIGNS	136
フードショップ サイン / FOOD SHOP SIGNS	140
ホテル&商業施設 サイン / HOTEL & COMMERCIAL FACILITIES SIGNS	146
アミューズメント施設 サイン / AMUSEMENT FACILITIES SIGNS	153

付録 / SUPPLEMENT

バナーサイン / BANNER SIGNS	156
のれん / SHOP CURTAIN SIGNS	158
LED サイン / LED SIGNS	160

SHOP SIGNS
CHAPTER 1

RESTAURANTS
CAFES & CASUAL FOODS
DINING-BARS

JAPANESE ITALIAN
NIZ
TOKYO DINING

かとる

BISTRO
南欧台所
Oeufs
Oignons
Champignons
Poireau
Tomate
Poivron Rouge
Oeufs
Poireau
Haricot Vert
Fromages
Oignons
Tomate
Concombre
Haricot Vert
Brocolis
Poireau
Oignons
Oignons
Tomate
Artichauts
Ciboulette
パーティ予約
受付中
03-3371-6850

MÄLAREN
SALTSJÖN
Stockholm

restaurant
Stockholm

Restaurant signs

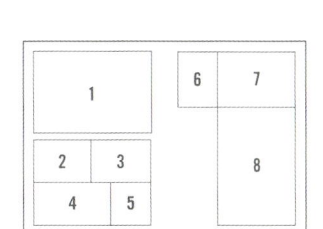

1. ジャパニーズイタリアン　NIZ Tokyo Dining
   東京都豊島区南池袋1丁目
   左下のヤモリもサインの一部
2. 炭火舌焼　かとる　東京都渋谷区道玄坂1丁目
   陶板風に仕上げた樹脂製サイン
3. ビストロ　南欧台所　東京都新宿区西新宿7丁目
4,5. レストラン　ストックホルム
   東京都千代田区永田町2丁目
   4.は外壁サイン、5.は入り口わきサイン
6. レストランバー　ゼストキャンティーナ渋谷
   東京都渋谷区神南1丁目　設計：APS設計室
7. レストランバー　ゼストキャンティーナ恵比寿
   東京都渋谷区恵比寿1丁目　設計：APS設計室
8. デリレストラン　ニューズデリ代官山
   東京都渋谷区猿楽町11　設計：サンライズジャパン

1. Japanese-Italian NIZ Tokyo Dining
   Ikebukuro, Tokyo
2. Tongue dish CATTLE
   Dogenzaka, Tokyo
3. Bistro NANO DAIDOKORO
   Shinjuku, Tokyo
4,5. Restaurant STOCKHOLM
   Akasaka, Tokyo
6. Restaurant-bar ZEST CANTINA Shibuya
   Shibuya, Tokyo   Design : APS Design Office
7. Restaurant-bar ZEST CANTINA Ebisu
   Ebisu, Tokyo   Design : APS Design Office
8. Deli Restaurant NEW'S DELI Daikanyama
   Daikanyama, Tokyo   Design : Sunrise Japan

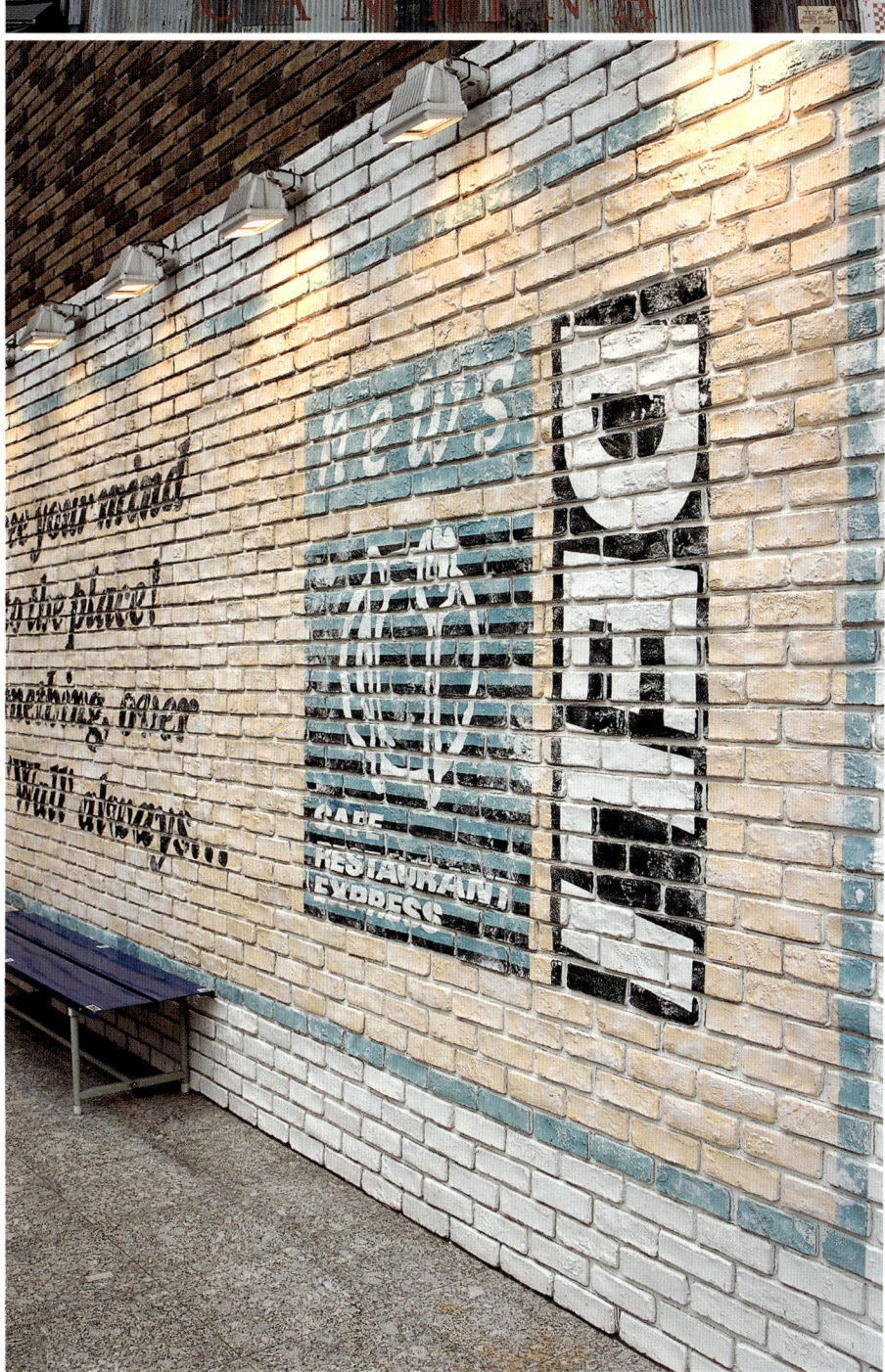

1	2	4	6
		5	
3		7	

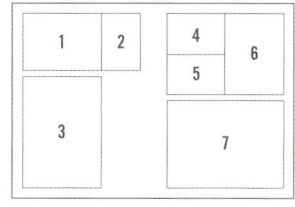

1. イタリア料理　ロカンダF.Q.
   東京都渋谷区神宮前5丁目
2. レストラン　資生堂パーラー銀座4丁目店
   東京都中央区銀座4丁目
3. レストラン　パネ エ ヴィーノ
   横浜市中区南仲通4丁目
4. レストラン　ジャムジャムドラッグ オンザマーケット
   東京都渋谷区鶯谷町1
5. 牛炭焼処　もうもう食堂＆レストランバー　ビー8
   東京都渋谷区道玄坂1丁目
   地下にある店舗のための外部サイン
6. レストラン　アデッソ
   東京都港区六本木4丁目
7. リストランテ　エノテカ キオラ
   東京都港区麻布十番1丁目

1. Italian LOCANDA F.Q.
   Jingu-mae, Tokyo
2. Restaurant SHISEIDO PARLOUR
   Ginza, Tokyo
3. Restaurant PANE E VINO
   Kannai, Yokohama
4. Restaurant JAM JAM DRAG on The MARKET
   Shibuya, Tokyo
5. Grill Dining MOU-MOU SHOKUDO &
   Restaurant-bar BEE 8
   Shibuya, Tokyo
6. Restaurant ADESSO
   Roppongi, Tokyo
7. Ristorante ENOTECA KIORA
   Azabu-juban, Tokyo

Restaurant signs

Jam Jam Drag on the Market

ADESSO

牛炭焼処
とろ火屋

BAR&RESTAURANT
BEE 8
TOKYO LOCAL STYLE

ENOTECA
KIORA

007

paradise
MACAU

Marobine
ASIAN FRENCH

ristorante
San Michele

Restaurant signs

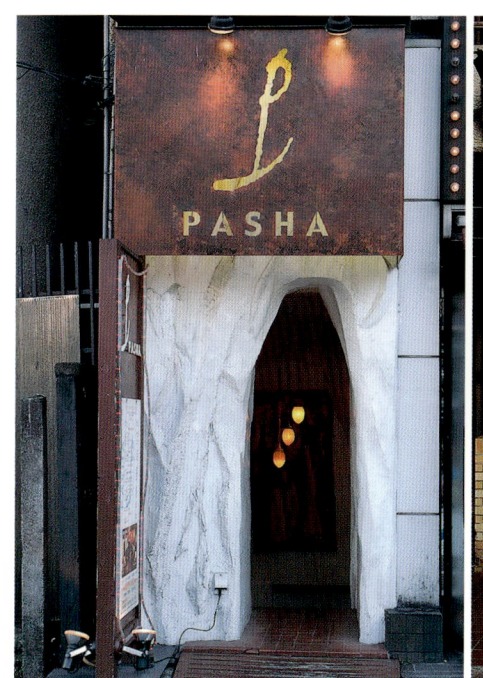

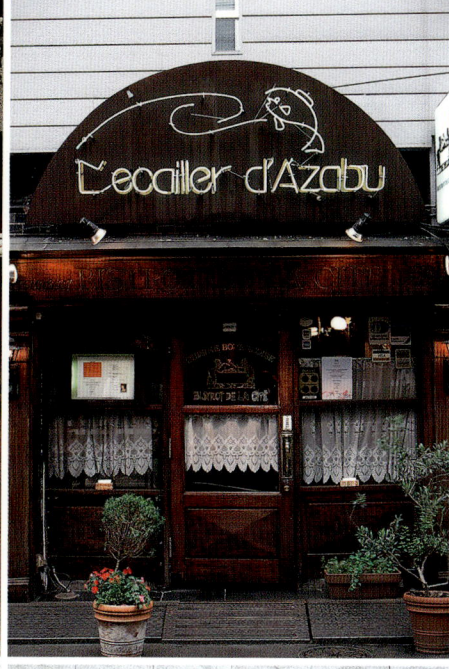

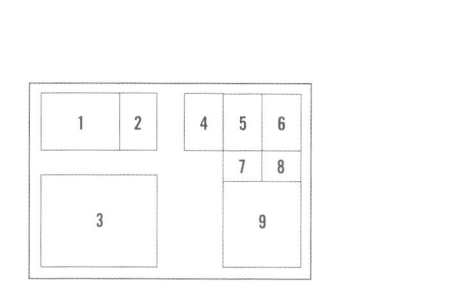

1	2	4	5	6
			7	8
3		9		

1. アジアンミックス料理　パラダイス マカオ
   東京都渋谷区宇田川町11
2. アジアンフレンチ　MAROBINE
   東京都港区西麻布4丁目
3. リストランテ　サンミケーレ
   東京都中央区銀座1丁目
4. エスニック＆ビアバザール　パシャ
   東京都豊島区東池袋1丁目
5. イタリアンタパス　ルイス
   東京都港区赤坂3丁目
   本物の太鼓を使用した店頭サイン
6. フレンチビストロ　デ・ラ・シテ
   東京都港区西麻布4丁目
7. レストラン　レ・シュー
   東京都港区麻布十番2丁目
8. フレンチレストラン＆バー　馮（フウ）
   東京都港区南青山1丁目
9. フレンチ　ラ・レゼルヴ・ドゥ・ひらまつ
   東京都港区西麻布4丁目

1. Asian Mix Restaurant PARADISE MACAU
   Shibuya, Tokyo
2. Asian-French MAROBINE
   Nishi-azabu, Tokyo
3. Ristorante SAN MICHELE
   Ginza, Tokyo
4. Ethnic Dish & Beer PASHA
   Ikebukuro, Tokyo
5. Italian Tapas LUIS
   Akasaka, Tokyo
6. French Bistrot De La CITE
   Nishi-azabu, Tokyo
7. Restaurant Les CHOUX
   Azabu-juban, Tokyo
8. Restaurant et Bar FEU
   Aoyama, Tokyo
9. French Restaurant La RESERVE De HIRAMATSU
   Nishi-azabu, Tokyo

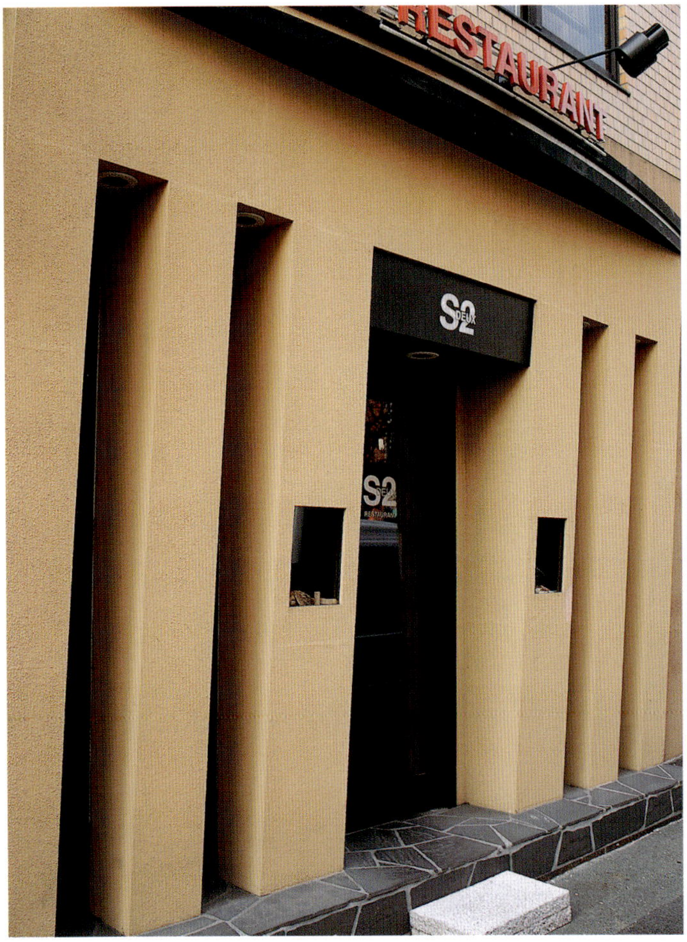
RESTAURANT
S2

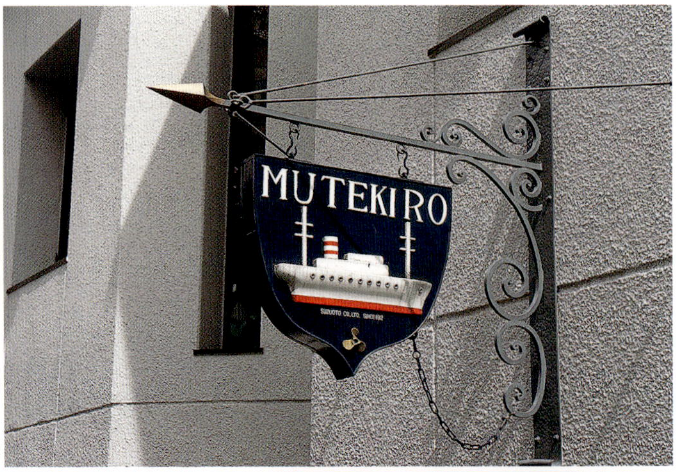
MUTEKIRO

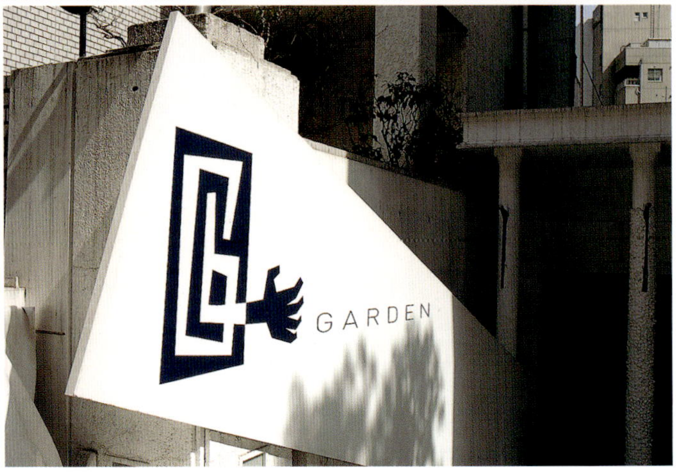
GARDEN

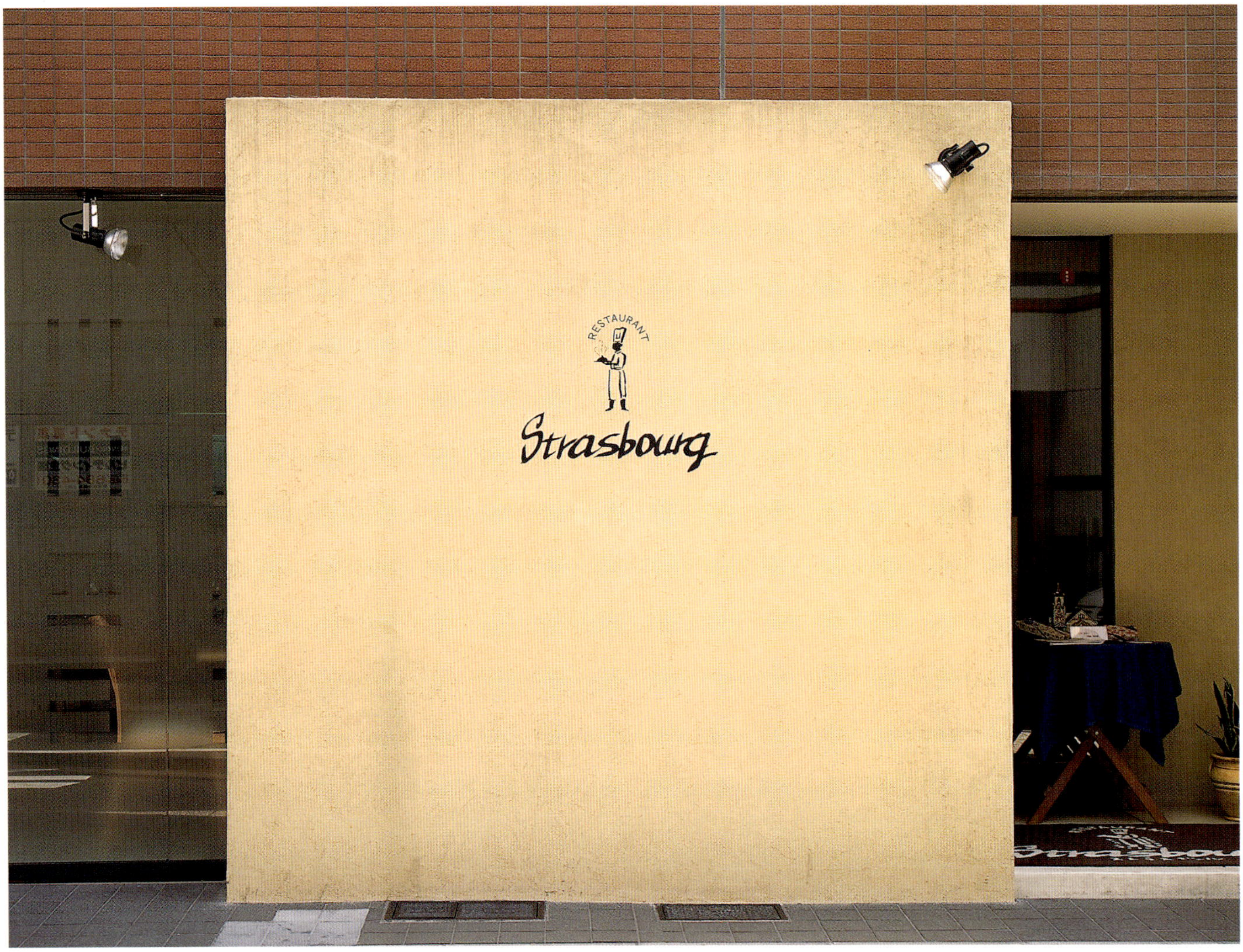
RESTAURANT
Strasbourg

Restaurant signs

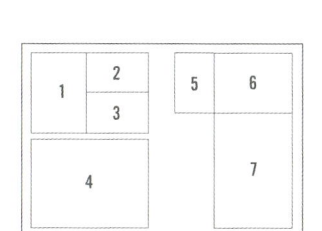

	2		5	6
1	3			
	4			7

1. レストラン　S2 ドゥ
   東京都港区六本木7丁目
2. レストラン　霧笛楼
   横浜市中区元町2丁目
3. ダイニングバー　ガーデン
   東京都港区六本木3丁目
4. レストラン　ストラスブルグ
   横浜市中区南仲通4丁目
5. グリル&バー　チェ　東京都渋谷区代官山町20
   地下への階段アプローチ壁面サイン
6. レストラン　つなみ　東京都渋谷区恵比寿1丁目
   本物の炎による演出
7. レストラン　フロウ
   東京都渋谷区渋谷2丁目

1. Restaurant S2 DEUX
   Roppongi, Tokyo
2. Restaurant MUTEKIRO
   Motomachi, Yokohama
3. Dining-bar GARDEN
   Roppongi, Tokyo
4. Restaurant STRASBOURG
   Kannai, Yokohama
5. Grill & Bar CHÉ
   Daikanyama, Tokyo
6. Restaurant TSUNAMI
   Ebisu, Tokyo
7. Restaurant FLOW
   Shibuya, Tokyo

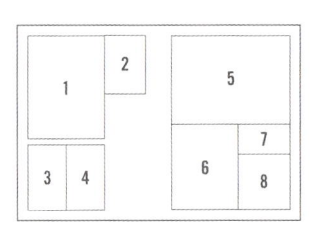

1, 2. バー・エスパニョール　ラス トレス ラマス
　　　東京都渋谷区広尾5丁目

3. リストランテ　アモーレ　東京都港区六本木7丁目
　　入り口の床タイルによるサイン

4. フュージョンスタイルダイニング　サザンクロス
　　東京都港区麻布十番1丁目

5. フレンチ　シンポジオン代官山
　　東京都渋谷区猿楽町17

6. ボディバランスダイニング　MU-MU
　　東京都中央区銀座6丁目

7,8. アメリカンダイナー　ワンズダイナー
　　　東京都渋谷区恵比寿西1丁目

1,2. Bar Español LAS TRES RAMAS
　　　Hiroo, Tokyo

3. Ristorante AMORE
　　Roppongi, Tokyo

4. Fusion Style Dining SOUTHERN CROSS
　　Azabu-juban, Tokyo

5. French Restaurant SYMPOSION
　　Daikanyama, Tokyo

6. Body Balance Dining mu-Mu
　　Ginza, Tokyo

7,8. American Dinner ONE'S DINER
　　　Daikanyama, Tokyo

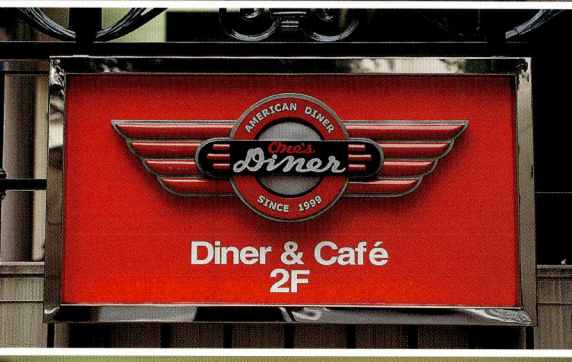

Restaurant signs

MAIMON
Oyster Bar & Charcoal Grill

スペイン厨房
Meson de GINZA

RESTAURANT
CARDENAS
charcoal grill

PONTE
VECCHIO

Restaurant signs

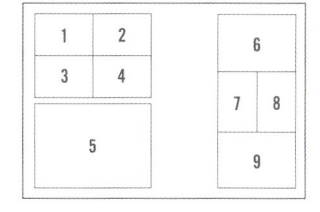

1. オイスターバー&チャコールグリル　マイモン西麻布店
   東京都港区西麻布3丁目
   設計：橋本夕紀夫デザインスタジオ
2. レストラン　スペイン厨房
   東京都中央区銀座7丁目
   鉄板に真鍮板を重ね貼り
3. レストラン　カーディナス チャコールグリル
   東京都渋谷区恵比寿西1丁目
   設計：サンライズジャパン
4. リストランテ　ポンテベッキオ
   東京都渋谷区渋谷1丁目
5. テーマレストラン　ニンジャ・赤坂
   東京都千代田区永田町2丁目
   設計：グラフィックスアンドデザイニング
6. オリエンタル料理　ゴールデンバーニング
   東京都港区六本木6丁目
7. 炭火焼きレストラン　砂漠楼
   東京都渋谷区恵比寿南2丁目
8. シェラスコ料理　バルバッコア グリル
   東京都渋谷区神宮前4丁目
9. ヴェトナム料理　ボンセン
   東京都港区六本木4丁目

1. **Oyster Bar & Charcoal Grill MAIMON Nishi-azabu**
   Nishi-azabu, Tokyo
   Design : Hashimoto Yukio Design Studio
2. **Spanish Restaurant SPAIN KITCHEN**
   Ginza, Tokyo
3. **Restaurant CARDENAS Charcoal Grill**
   Ebisu, Tokyo　Design : Sunrise Japan
4. **Ristorante PONTE VECCHIO**
   Shibuya, Tokyo
5. **Theme Restaurant NINJA AKASAKA**
   Akasaka, Tokyo　Design : Graphics & Designing
6. **Oriental Cuisine GOLDEN BURNING**
   Roppongi, Tokyo
7. **Charcoal Grill SABAKUROU**
   Ebisu, Tokyo
8. **Churrasco Dish BARBACOA Grill**
   Jingu-mae, Tokyo
9. **Vietnamese Cuisine BÔNGSEN**
   Roppongi, Tokyo

1	2		4	5	6
3				7	9
				8	

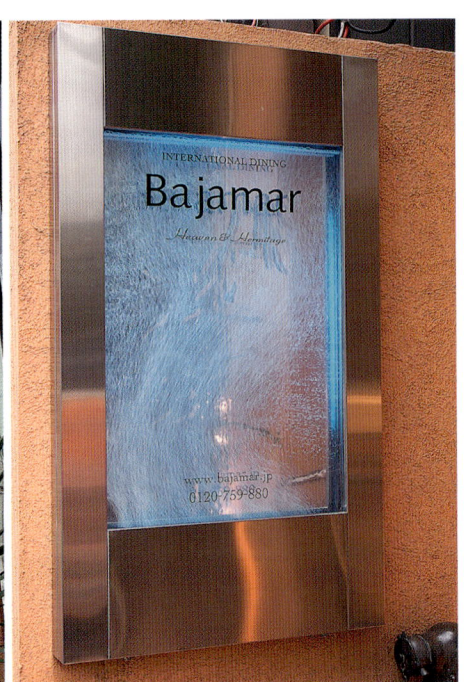

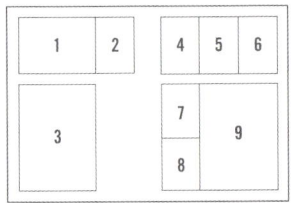

1,2. インターナショナルダイニング　バハマール
東京都港区六本木5丁目
2.は水泡が湧き出る入り口わきサイン

3. テーマレストラン　アルカトラズB.C.
東京都港区六本木3丁目　設計：テツ

4. レストラン　恋文食堂
東京都渋谷区宇田川町25

5. テーマレストラン　アラビアンロック新宿スクエア店
東京都新宿区歌舞伎町1丁目

6. レストラン　まっくろぅ
東京都港区六本木5丁目

7. レストラン　ノトレ キュイジーヌ
横浜市中区山下町98

8. リストランテイタリアーノ　アル・タンポポ
東京都港区六本木3丁目

9. イタリア料理　サバティーニ青山
東京都港区北青山1丁目

1,2. International Dining BAJAMAR
Roppongi, Tokyo

3. Theme Restaurant ALCATRAZ B.C.
Roppongi, Tokyo Design : Tetsu

4. Restaurant KOIBUMI SHOKUDO
Shibuya, Tokyo

5. Theme Restaurant ARABIAN ROCK Shinjuku Square
Kabuki-cho, Tokyo

6. Restaurant MAQUEREAU
Roppongi, Tokyo

7. Restaurant NOTRE CUISINE
Chinatown, Yokohama

8. Ristorante Italiano AI TAMPOPO
Roppongi, Tokyo

9. Trattoria, Pizzeria SABATINI Aoyama
Aoyama, Tokyo

Restaurant signs

017

大龍門

華盛楼

百菜
CHINESE RESTAURANT
広東海鮮料理
焼味 点心 粥麺

重慶飯店

李白四ització

香港ガーデン
Chinese Restaurant

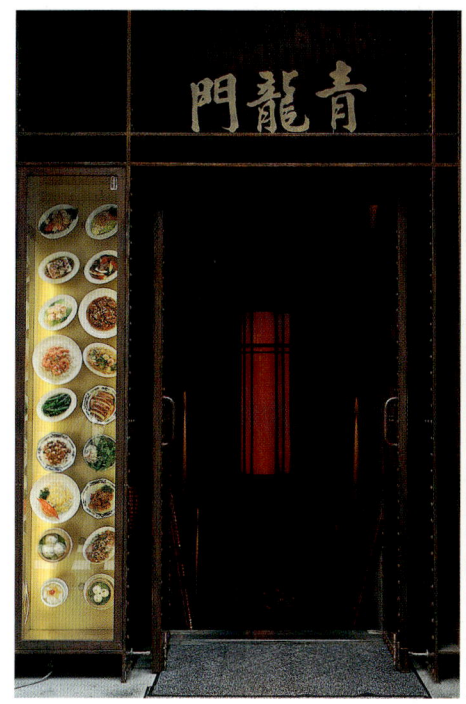

Chinese Restaurant signs

1	2		7	8	9
3	4		10		
	5				
	6				

1. 中国料理　大龍門
   東京都豊島区南池袋1丁目
2. 中国料理　華盛楼
   東京都港区新橋1丁目
3. 広東海鮮料理　百菜
   東京都港区西麻布4丁目
4. 中華四川料理　重慶飯店別館
   横浜市中区山下町164
5. 甜点心　李白四川
   横浜市中区山下町188
6. 中国レストラン　香港ガーデン
   東京都港区西麻布4丁目
7. 台湾家庭小皿料理　青龍門池袋店
   東京都豊島区南池袋1丁目
8. チャイニーズダイニング　モモ
   東京都中央区銀座7丁目
9. ワンタン&カユ　屛南
   東京都中央区銀座1丁目
10. 美食酒家　ちゃんと銀座店
    東京都中央区銀座2丁目
    設計：道下浩樹デザイン事務所

1. Chinese Restaurant DAIRYUMON
   Ikebukuro, Tokyo
2. Chinese Restaurant KASEIROU
   Shinbashi, Tokyo
3. Chinese Seafood HYAKUSAI
   Nishi-azabu, Tokyo
4. Chinese Restaurant JUKEI HANTEN Annex
   Chinatown, Yokohama
5. Chinese Restaurant RIHAKU SHISEN
   Chinatown, Yokohama
6. Chinese Restaurant HONG KONG GARDEN
   Nishi-azabu, Tokyo
7. Taiwanese Home Dish SEIRYUMON Ikebukuro
   Ikebukuro, Tokyo
8. Chinese Dining MOMO
   Ginza, Tokyo
9. Huntun & Rice-gruel HEINAN
   Ginza, Tokyo
10. Chinese Dining-bar CHANTO Ginza
    Ginza, Tokyo Designer : Michishita Hiroki Design Office

019

上海湯包
Chinese Restaurant

CHINA GRILL
周之厨房
吹迎您的光臨
晋給業餐面體敘酔

中国山西料理
晋風樓
Shin Fu Rou

王楽飯店

Chinese Restaurant signs

1. **中国レストラン　上海湯包 銀座3丁目店**
   東京都中央区銀座3丁目
2. **チャイナグリル　周之厨房 恵比寿店**
   東京都渋谷区恵比寿西1丁目
3. **中国山西料理　晋風楼**
   東京都港区北青山1丁目
4,5. **中国レストラン　華王飯店**
   東京都新宿区西新宿7丁目
   篆書体をアレンジしたロゴサイン
6. **広東料理　太平楼**
   横浜市中区山下町146
7,8. **北京焼鴨　白椀竹筷楼**
   東京都港区赤坂4丁目
   7.は門構え、8.は入り口門柱サイン

1. **Chinese Restaurant SHANGHAI TANGBAO Ginza3chome**
   Ginza, Tokyo
2. **China Grill SHU'S KITCHEN Ebisu**
   Ebisu, Tokyo
3. **Chinese Restaurant SHIN FU ROU Aoyama**
   Aoyama, Tokyo
4,5 **Chinese Restaurant KAOU HANTEN**
   Shinjuku, Tokyo
6. **Chinese Restaurant TAIHEIROU**
   Chinatown, Yokohama
7,8. **Peking Duck BAI WAN ZHU KUAI LOU**
   Akasaka, Tokyo

021

1	2	4	7
3		5	
		6	8

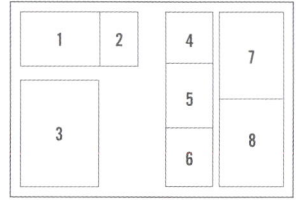

1,2. 中国大陸料理　過門香 銀座店
　　東京都中央区銀座1丁目
　　設計：橋本夕紀夫デザインスタジオ
　　グラフィック：山口デザイン事務所

3. コリアンダイニング　銀座卜傳
　　東京都中央区銀座8丁目
　　設計：木戸一男建築デザイン
　　グラフィック：アドホックス

4. 台湾料理　龍の髭
　　東京都渋谷区道玄坂1丁目

5. 飲茶　小姐颱風 銀座店
　　東京都中央区銀座6丁目

6. 北京焼鴨　胡同三辣居
　　東京都港区六本木5丁目

7. 韓国料理　別天地
　　東京都港区六本木7丁目
　　地下にある店の道路わきレリーフサイン

8. ハウスオブコリア　韓屋
　　東京都渋谷区広尾5丁目

1,2. Chinese Restaurant KAMONKA Ginza
　　Ginza, Tokyo Design : Hashimoto Yukio Design Studio

3. Korean Dining GINZA BOKUDEN
　　Ginza, Tokyo Design : Kido Kazuo Architectural Design

4. Taiwanese Restaurant RYU no HIGE
　　Shibuya, Tokyo

5. Yincha SHAOCHE TYPHON Ginza
　　Ginza, Tokyo

6. Peking Duck KODOU SANRATSUKYO
　　Roppongi, Tokyo

7. Korean Restaurant BETTENCHI
　　Roppongi, Tokyo

8. House of Korea HA NO KU
　　Hiroo, Tokyo

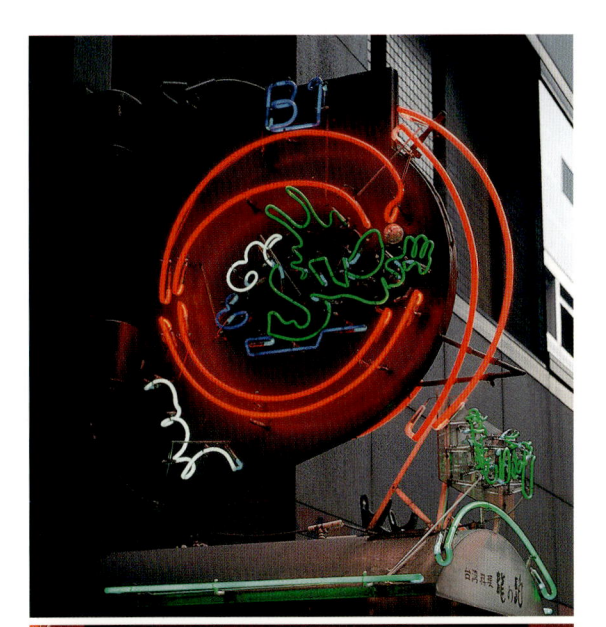

Chinese & Korean Restaurant signs

HUTONG OF BEIJING

PEKING DUCK
北京烤鴨

House of Korea

023

SEOUL to SOUL

焼肉屋さかい

万能薬

Korean grill Restaurant signs

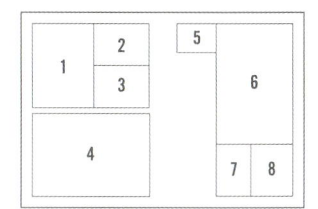

1. コリアンダイニング ソウルトゥソウル
   東京都渋谷区神宮前5丁目
2. 焼肉屋 さかい
   東京都中央区銀座8丁目
3. 焼肉ダイニングバー 万能薬
   東京都渋谷区恵比寿西1丁目
4. 韓国家庭料理 ソナム
   東京都港区西麻布4丁目
5,6. 炭火焼肉酒家 牛角 スターホテル店
   東京都新宿区西新宿7丁目　設計：ラックランド
7. 焼肉解体本舗 エン
   横浜市中区真砂町4丁目
8. 焼肉酒家 じゃんか青山
   東京都渋谷区渋谷1丁目
   アプローチ階段壁面の発光サイン

1. **Korean Dining SEOUL to SOUL**
   Jingu-mae, Tokyo
2. **Korean Grill Restaurant SAKAI Ginza**
   Ginza, Tokyo
3. **Korean Grill BANNOYAKU**
   Ebisu, Tokyo
4. **Korean Home Dish SONAMU**
   Nishi-azabu, Tokyo
5,6. **Korean Grill Restaurant GYUKAKU Star Hotel**
   Shinjuku, Tokyo Design : Luckland
7. **Korean Grill Restaurant EN**
   Kannai, Yokohama
8. **Korean Grill Restaurant JAN-KA! Aoyama**
   Shibuya, Tokyo

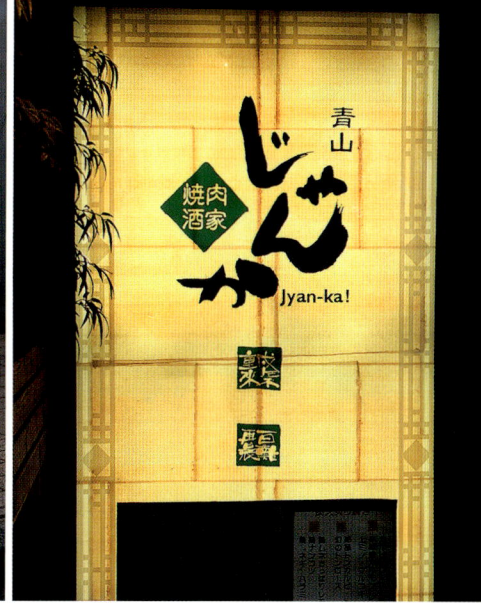

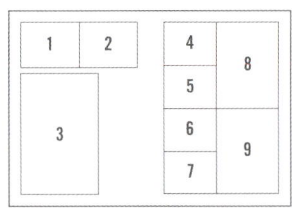

1. ファニーソースカフェ
   東京都港区西麻布1丁目
2. カフェ ショコラ
   東京都港区西麻布4丁目
3. 緑茶喫茶　クーツグリーンティー 原宿店
   東京都渋谷区神宮前6丁目
   道路に面したオープンエアテラスの壁付きサイン
4. カフェ ドロール
   東京都渋谷区神南1丁目
5. カフェ&トラットリア ラ・ゴラ
   東京都港区六本木7丁目
6. オープニングカフェ ダイトートラベルサービス
   東京都渋谷区恵比寿1丁目
7. ケーキカフェ パンドラ
   東京都港区西麻布3丁目
8. カフェレストランバー ケリー
   東京都渋谷区広尾5丁目
9. カフェラウンジ カオン ブルーム
   東京都港区西麻布1丁目

1. **FUNNY SAUCE CAFE**
   Nishi-azabu, Tokyo
2. **Cafe CHOCOLAT**
   Nishi-azabu, Tokyo
3. **Tearoom KOOTS GREEN TEA Harajuku**
   Jingu-mae, Tokyo
4. **Thé Terrasse DRÔLE**
   Shibuya, Tokyo
5. **Café & Trattoria La GOLA**
   Roppongi, Tokyo
6. **Opening Cafe DAITO TRAVEL SERVICE**
   Ebisu, Tokyo
7. **Patisserie Française PANDORA**
   Nishi-azabu, Tokyo
8. **Cafe, Restaurant, Bar KELLY**
   Hiroo, Tokyo
9. **Cafe Lounge KAON BLOOM**
   Nishi-azabu, Tokyo

Cafe & Tearoom signs

drôle
thé terrasse

Kally

LA GOLA
CAFFÈ TRATTORIA

DAITO TRAVEL SERVICE
OPENING CAFE

Pâtisserie Française
Pandora

Pâtisserie
Française
Pandora

Papas
mademoiselle non non
CAFÉ Papas

CAFÉ Papas

Cafe
Vanilla

FLAGS
Cafe
PRODUCED BY 4°C

OPEN
7 DAYS A WEEK
cafe
LA BOHEME
11:30A.M.-5:00A.M.

Cafe & Tearoom signs

1,2. カフェ パパス青山店
　　東京都港区南青山6丁目
　　1.は施設全体のネオンサイン。2.がカフェのサイン
3. カフェ バニラ
　　横浜市中区山下町200
4. フラッグスカフェ
　　東京都新宿区新宿3丁目
5. カフェ ラ・ボエム骨董通り店
　　東京都港区南青山6丁目
6. カフェ&ダイニングバー AI-SA
　　東京都渋谷区渋谷1丁目
7. エスプレッソカフェ KORAN
　　横浜市中区山下町198
8. ルカフェ
　　東京都渋谷区神宮前1丁目
9. テイブルカフェ
　　東京都渋谷区渋谷3丁目
　　積み上げた新聞紙を塗り固めたサイン
10. エクセシオール カフェアトレ恵比寿店
　　東京都渋谷区恵比寿南1丁目
11. リラックスダイニングテーブル A.T.カフェ
　　東京都港区六本木6丁目

1,2. Café PAPAS
　　 Aoyama, Tokyo
3. Cafe VANILLA
　　Yamashita-cho, Yokohama
4. FLAGS CAFE
　　Shinjuku, Tokyo
5. Cafe La BOHÈME Antique-street
　　Aoyama, Tokyo
6. Cafe & Dining-bar AI-SA
　　Shibuya, Tokyo
7. Espresso Cafe KORAN,
　　Chinatown, Yokohama
8. LE CAFÉ
　　Jingu-mae, Tokyo
9. TEIBLE CAFE
　　Shibuya, Tokyo
10. EXCELSIOR CAFÉ Atre Ebisu
　　Ebisu, Tokyo
11. A.T. CAFE
　　Roppongi, Tokyo

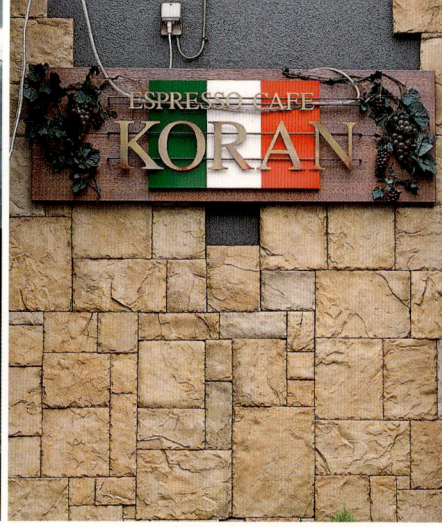

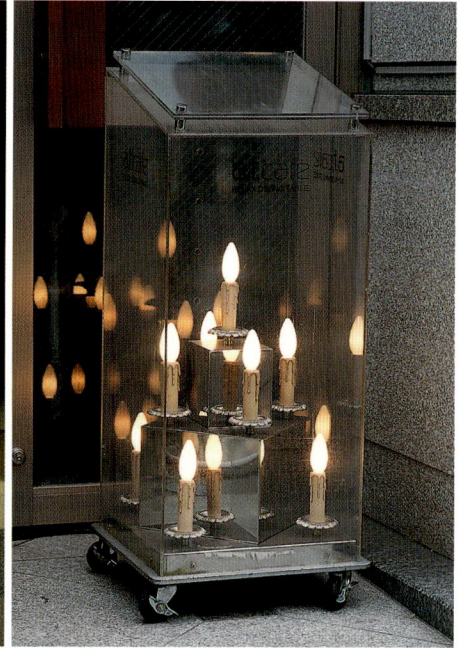

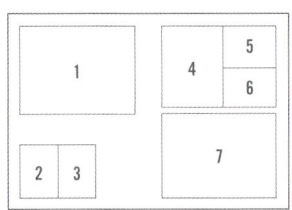

1. ハーゲンダッツカフェ渋谷
   東京都渋谷区神南1丁目
   設計：シーディーエー

2. カフェ ジョルジュ5
   東京都新宿区新宿3丁目

3. 自家焙煎珈琲　琥珀亭
   東京都中央区銀座4丁目

4. カフェ ラ・ヴォワ
   東京都新宿区西新宿1丁目

5. ワールドスポーツカフェ
   東京都渋谷区渋谷1丁目

6. バックスカフェ
   東京都港区六本木5丁目

7. カフェ＆バーラウンジ　シナー
   東京都港区北青山1丁目
   設計：西野和宏

1. HÄAGEN-DAZS CAFE Shibuya
   Shibuya, Tokyo Design : CDA

2. Cafe GEORGE 5
   Shinjuku, Tokyo

3. Coffee Shop KOHAKUTEI
   Ginza, Tokyo

4. Café La VOIE
   Shinjuku, Tokyo

5. WORLD SPORTS CAFÉ Tokyo
   Shibuya, Tokyo

6. BACS CAFÉ
   Roppongi, Tokyo

7. Cafe & Bar-lounge SINNER
   Aoyama, Tokyo Design : Kazuhiro Nishino

Cafe & Tearoom signs

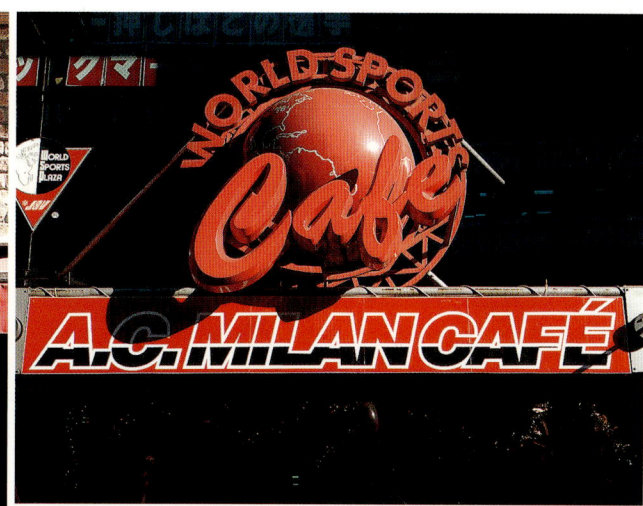

1	2	3		6	7	8
					9	
4					10	
5						

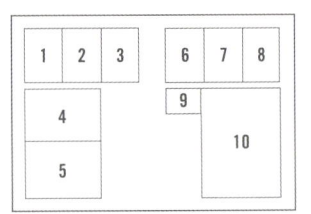

1. カフェ　しろたえ
   東京都港区赤坂4丁目
2. パイ＆コーヒー／キッチン　ズー：ズー：
   東京都中央区銀座3丁目
3. ティー＆ムース　ハンモック
   東京都渋谷区神南1丁目
4. デリ＆カフェ　ラピエ赤坂本店
   東京都港区赤坂3丁目
5. ジャワコーヒー渋谷センター街店
   東京都渋谷区宇田川町25
6. カフェ　ベローチェ関内みなと大通り店
   横浜市中区住吉町1丁目
7. 喫茶舘　仏蘭西屋
   東京都中央区銀座3丁目
8. ル カフェ ブルー 青山
   東京都港区南青山5丁目
9. ニューヨーカーズカフェ渋谷パルコ横店
   東京都渋谷区宇田川町4
10. カフェ＆グリルダイニング　アストランス
    東京都港区麻布十番3丁目

1. **Cafe SHIROTAE**
   Akasaka, Tokyo
2. **Pie & Coffee/Kitchen ZU:ZU:**
   Ginza, Tokyo
3. **Tea & Mousse HAMMOCK**
   Shibuya, Tokyo
4. **Deli & Cafe WRAPIÉ Akasaka Main Shop**
   Akasaka, Tokyo
5. **JAVA COFFEE Shibuya Center Street**
   Shibuya, Tokyo
6. **Caffé VELOCE Kannai Minato Oodoori**
   Kannai, Yokohama
7. **Coffee House FURANSUYA**
   Ginza, Tokyo
8. **Le CAFÉ BLEU Aoyama**
   Aoyama, Tokyo
9. **NEW YORKER'S CAFE beside Shibuya Parco**
   Shibuya, Tokyo
10. **Cafe & Grill-Dining ASTRANCE**
    Azabu-juban, Tokyo

Cafe & Tearoom signs

大阪下町の味 お好み焼
ぼちぼち
03-5798-4909
お好み焼き
郵便
POST
食卓塩
精製塩

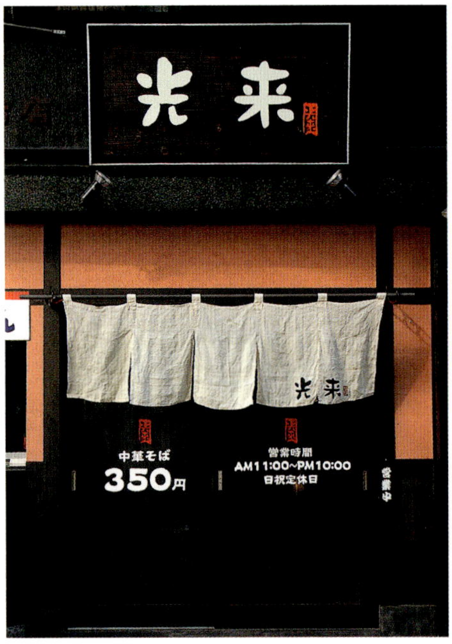
光来
中華そば
350円
営業時間
AM11:00~PM10:00
日祝定休日

ふうふうらーめん
風風ラーメン
名代
とんこつ

さぬきうどん
本場さぬき直送
さぬきうどん
味よし・コシよし
肌よし・ツヤよし
さぬきうどん

Casual food Restaurant signs

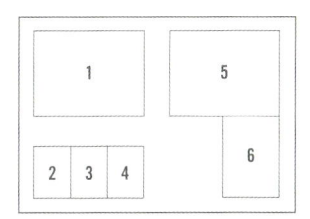

1			5	
2	3	4		6

1. **お好み焼き　ぼちぼち 広尾店**
   東京都渋谷区広尾5丁目
   古い大阪の下町を再現したファサードとサイン
2. **中華そば　光来 西新宿店**
   東京都新宿区西新宿7丁目
3. **風風ラーメン 銀座店**
   東京都中央区銀座3丁目
4. **さぬきうどんNRE&めりけんや新橋店**
   東京都港区新橋2丁目
5,6. **ラーメン　一点張**
   東京都港区赤坂3丁目

1. **Iron plate cooking　BOCHI BOCHI Hiroo**
   Hiroo, Tokyo
2. **Chinese Noodle　KOORAI Nishi-shinjuku**
   Shinjuku, Tokyo
3. **FU FU Lāmiàn Ginza**
   Ginza, Tokyo
4. **Japanese Noodle　SANUKI UDON Shinbashi**
   Shinbashi, Tokyo
5,6. **Lāmiàn ITTENBARI**
   Akasaka, Tokyo

石焼ごはん
十亭庵

Casual food Restaurant signs

1. **中華麺飯店　上海ヌードル池袋店**
   東京都豊島区南池袋1丁目
2. **本格中華麺店　光麺 池袋店**
   東京都豊島区南池袋1丁目
3. **石焼きごはん　喜虎**
   東京都港区麻布十番2丁目
4. **ラーメン　澤兌**
   東京都港区赤坂3丁目
5. **麺匠　たいぞう**
   東京都豊島区西池袋1丁目
6. **らーめん　梟青山店**
   東京都港区南青山6丁目

1. **Chinese Noodle SHANGHAI NOODLE Ikebukuro**
   Ikebukuro, Tokyo
2. **Lāmiàn KOUMEN Ikebukuro**
   Ikebukuro, Tokyo
3. **Toasted Rice KITORA**
   Azabu-juban, Tokyo
4. **Lāmiàn SAWAETSU**
   Akasaka, Tokyo
5. **Lāmiàn TAIZOU**
   Ikebukuro, Tokyo
6. **Lāmiàn FUKUROU Aoyama**
   Aoyama, Tokyo

やすべえ
つけ麺屋

とんこつらーめん
正油 600 得々正油 850
しお 650 得々しお 900
みそ 700 得々みそ 950
味玉 700 焼豚 950
つけめん
正油 700 みそ 800
麺量は大・中・小同じ値段です。

九州ラーメン

万月豚記
営業中
中国屋台料理

ティーヌン
タイ国ラーメン
OPEN

博多 金 ラーメン

Casual food Restaurant signs

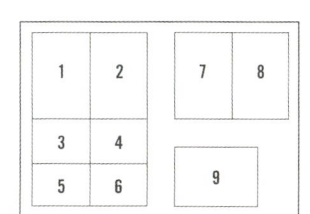

1. つけ麺屋　やすべえ 池袋店
   東京都豊島区東池袋1丁目
2. ラーメン　十豚
   東京都豊島区東池袋1丁目
3. 九州ラーメン　はしばやん
   東京都渋谷区宇田川町32
4. 豚ばらラーメン　万豚記飯倉店
   東京都港区六本木5丁目
5. タイ国ラーメン　ティーヌン
   東京都渋谷区道玄坂1丁目
6. 博多ラーメン　丸金 麻布十番店
   東京都港区麻布十番2丁目
7. 坦坦麺　蒼龍唐玉堂 六本木店
   東京都港区六本木7丁目
8. 麺家　玄武
   東京都豊島区南池袋1丁目
9. 京都屋台味拉麺　よってこや 新宿南口店
   東京都新宿区新宿3丁目

1. Lāmiàn YASUBEE Ikebukuro
   Ikebukuro, Tokyo
2. Lāmiàn JUTTON
   Ikebukuro, Tokyo
3. Lāmiàn HASHIBAYAN
   Shibuya, Tokyo
4. Lāmiàn WAN TSU CHI Iikura
   Roppongi, Tokyo
5. Thailand Lāmiàn TINUN
   Shibuya, Tokyo
6. Lāmiàn MARUKIN Azabu-juban
   Azabu-juban, Tokyo
7. Lāmiàn SOURYU TOUGYOKUDO Roppongi
   Roppongi, Tokyo
8. Lāmiàn GENBU
   Ikebukuro, Tokyo
9. Lāmiàn YO! TEKOYA Shinjuku-minamiguchi
   Shinjuku, Tokyo

らーめん 萬〇屋 MANMARUYA

讃岐うどん大使 東京麺通団

大阪道頓堀 ぼてぢゅう

味自慢 うどん

銀座 木屋

忘れ得ぬ 木屋の味

Casual food Restaurant signs

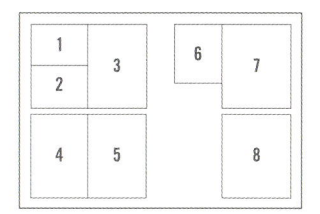

1		3		6	7
2					
4		5			8

1. らーめん 萬○屋
   東京都渋谷区桜丘町15
2. 讃岐うどん大使 東京麺通団
   東京都新宿区西新宿7丁目
3. お好み焼き ぽてぢゅう燦SHIBUYA店
   東京都渋谷区渋谷1丁目
4. うどん・酒 きなせや
   横浜市中区常盤町4丁目
5. 手打うどん 銀座木屋 渋谷店
   東京都渋谷区渋谷3丁目
6,7. 京都屋台味拉麺 よってこや恵比寿店
   東京都渋谷区恵比寿南2丁目
   6.は入り口まわり、7.は外壁のサイン
   設計：ミュープランニング＆オペレーターズ
8. 手打草部うどん のらや新宿通四谷店
   東京都新宿区四谷2丁目　FRP製の巨大な招き猫

1. Lāmiàn MANMARUYA
   Shibuya, Tokyo
2. Japanese Noodle TOKYO MENTSUDAN
   Shinjuku, Tokyo
3. Iron plate cooking BOTEJU San-shibuya
   Shibuya, Tokyo
4. Japanese Noodle KINASEYA
   Kannai, Yokohama
5. Japanese Noodle Ginza KIYA Shibuya
   Shibuya, Tokyo
6,7. Lāmiàn YO! TEKOYA Ebisu
   Ebisu, Tokyo　Design : Mu Planning & Operators
8. Japanese Noodle NORAYA Shinjuku-doori Yotsuya
   Yotsuya, Tokyo

BUBBLE³
Bar & Restaurant
BUBBLE³
Bar & Restaurant
BUBBLE³
お料理

TESORO
BAR & GRILL

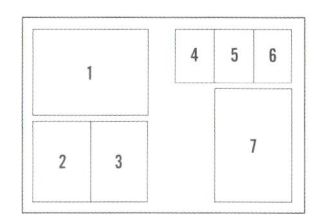

Dining-bar signs

1. バー&レストラン　バブル³
   東京都港区西麻布1丁目
   泡をイメージした集合サイン
2. クラブ　R!
   東京都港区六本木3丁目
   金網の内部に小石を詰めた外壁
3. バー&グリル　テソロ
   東京都渋谷区神宮前4丁目
   設計：プランテック総合計画事務所
4. オイスターバー&ナチュラルフーズ　サーファーズテーブル
   東京都渋谷区神宮前6丁目
5. ライブハウス　マンダラ
   東京都港区南青山3丁目
6. アートダーツバー　キュリアスインフォ
   東京都港区麻布十番3丁目
7. クラブ　ニューガガ
   東京都豊島区東池袋1丁目

1. Bar & Restaurant BUBBLE³
   Nishi-azabu, Tokyo
2. Club R!
   Roppongi, Tokyo
3. Bar & Grill TESORO
   Jingu-mae, Tokyo   Design : Plantec
4. Oyster bar & Natural foods SURFERS TABLE
   Jingu-mae, Tokyo
5. Live House MANDALA
   Aoyama, Tokyo
6. Art Darts bar CURIOUS INFO
   Azabu-juban, Tokyo
7. Night club NEW GAGA
   Ikebukuro, Tokyo

Goose Bar

vis-à-vis

Cafe & Dining Bar
andoon

川のほとり.で

S
SPIRIT

SPIRIT

Dining-bar signs

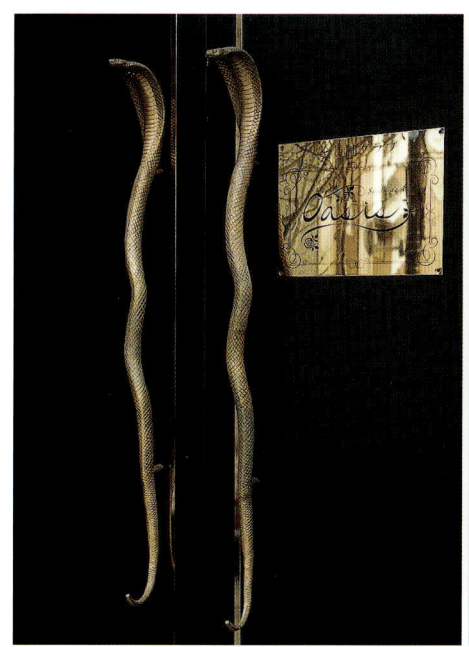

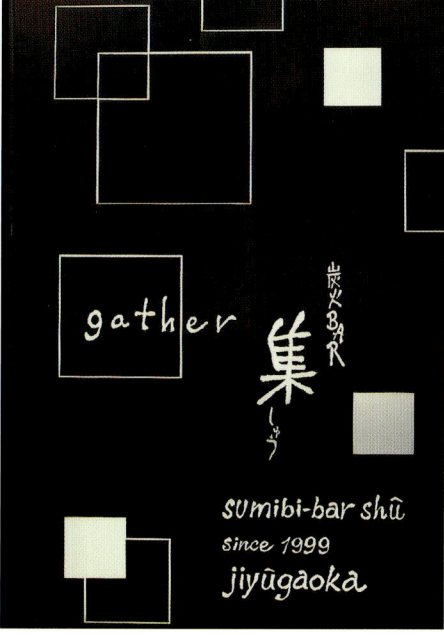

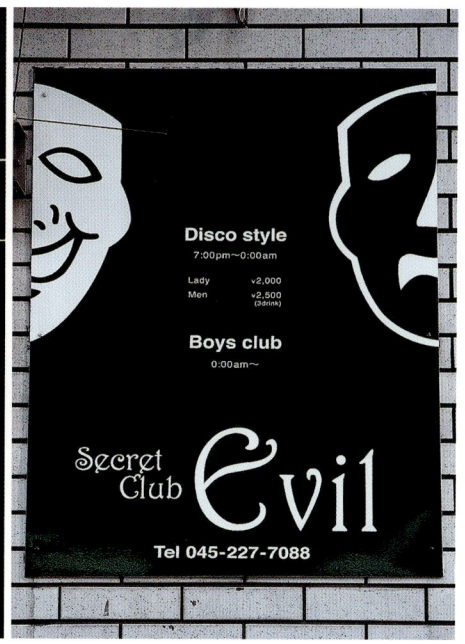

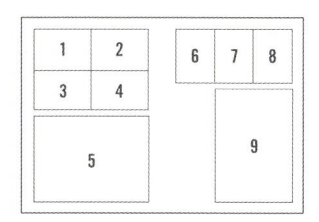

1	2		6	7	8
3	4				
5				9	

1. グーズバー
   東京都港区赤坂3丁目
2. レストランバー ヴィサヴィ
   東京都港区北青山2丁目
3. カフェ&ダイニングバー アンドゥーン
   東京都港区南青山5丁目
   地下の店の点滅する壁面サイン
4. ダイニングバー 川のほとりで
   東京都港区南青山5丁目　設計：エイジ
5. バー スピリット エス
   東京都港区西麻布4丁目
6. メンバーズクラブ オアシス
   東京都港区麻布十番1丁目
7. 炭火バー 集新橋店
   東京都港区新橋1丁目
8. ディスコクラブ イビル
   横浜市中区常盤町2丁目
9. オーズバー
   東京都豊島区東池袋1丁目

1. GOOSE BAR
   Akasaka, Tokyo
2. Restaurant-bar VIS-À-VIS
   Aoyama, Tokyo
3. Cafe & Dining-bar ANDOON
   Aoyama, Tokyo
4. Dining-bar KAWA no HOTORIDE
   Aoyama, Tokyo   Design : AGE
5. Bar SPIRIT S
   Nishi-azabu, Tokyo
6. Member's club OASIS
   Nishi-azabu, Tokyo
7. Bar SHU Shinbashi
   Shinbashi, Tokyo
8. Disco club EVIL
   Kannai, Yokohama
9. O'S BAR
   Ikebukuro, Tokyo

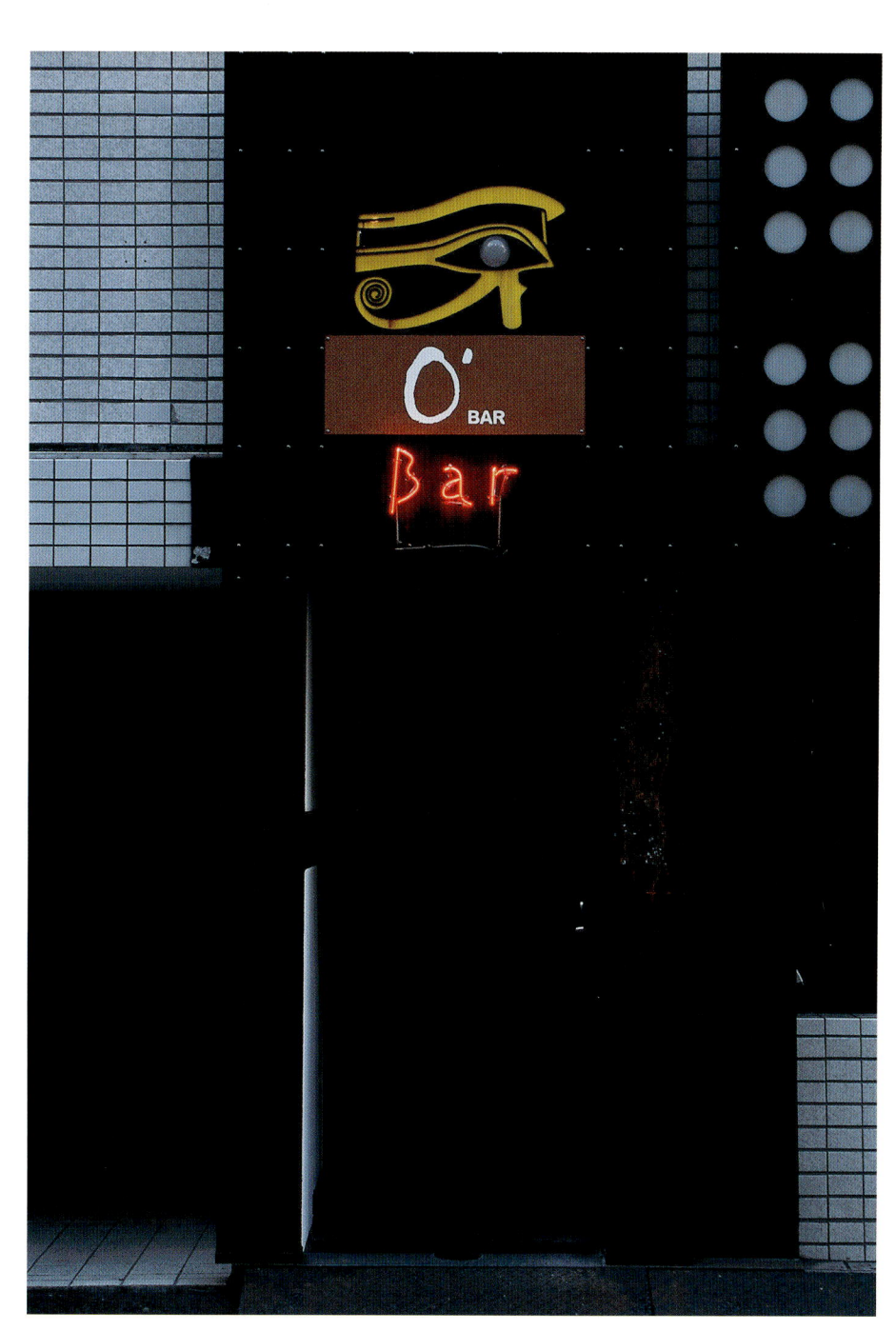

LA
SCALA
MEMBERS

OLD
NEW

. phane .
[feiz]

焼酎Bar
粋
Syouchu-Bar I・K・I

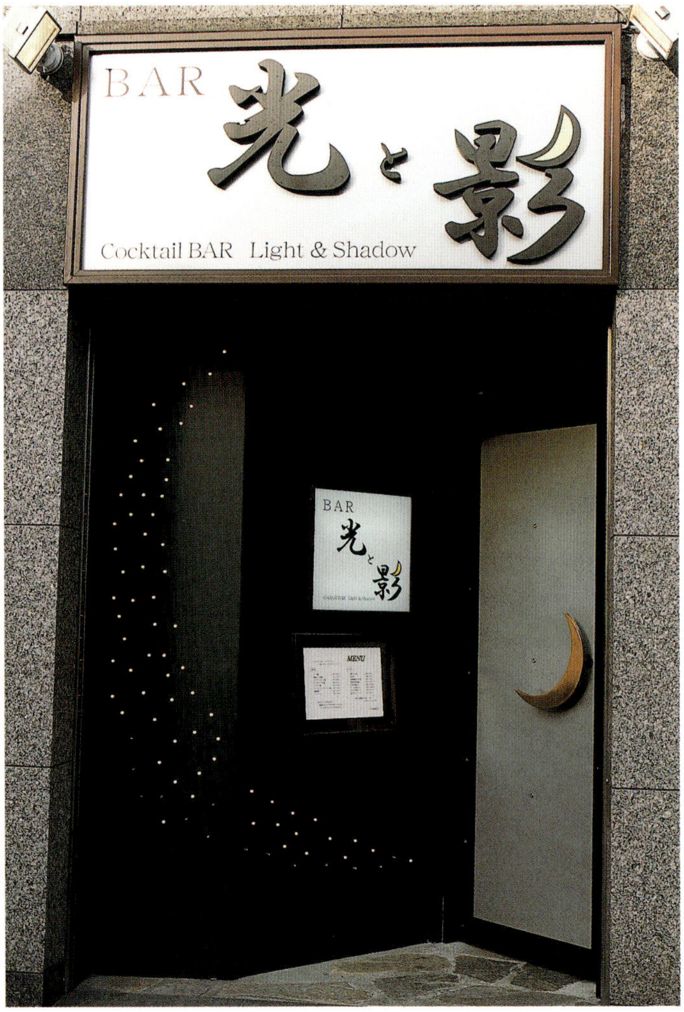
BAR
光と影
Cocktail BAR Light & Shadow
BAR
光と影

Dining-bar signs

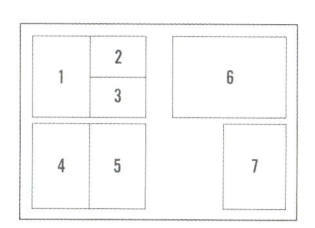

1	2	6
	3	
4	5	7

1. メンバーズクラブ　ラ・スカラ
   東京都港区六本木3丁目
2. バー　オールドニュー池袋店
   東京都豊島区南池袋1丁目
   設計：スーパーポテト　サイン：田中一光
3. バー　フェイズ
   東京都港区北青山3丁目
4. 焼酎バー　粋
   東京都港区赤坂3丁目
5. バー　光と影
   横浜市中区弁天通2丁目
6,7. ダイニングバー　ブラウンジー青山
   東京都港区南青山3丁目　7.はゲートサイン、6.は
   地下への階段壁面サイン

1. Member's club La SCALA
   Roppongi, Tokyo
2. Bar OLD NEW Ikebukuro
   Ikebukuro, Tokyo
   Designer:Super Potato Sign:Ikko Tanaka
3. Bar PHASE
   Aoyama, Tokyo
4. Syouchu bar I・K・I
   Akasaka, Tokyo
5. Cocktail bar LIGHT & SHADOW
   Kannai, Yokohama
6,7. Dining-bar BROWN.G
   Aoyama, Tokyo

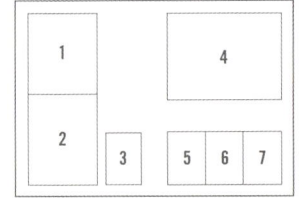

1			4			
2	3		5	6	7	

1. ショットバー
   東京都港区西麻布4丁目
2. シガーショップ・バー＆カフェ　コネスール赤坂店
   東京都港区赤坂3丁目　設計：アーキテクト ジェイ
3. ショーパブ　六本木 金魚
   東京都港区六本木3丁目
4. くいどころバー　銀座 坊乃
   東京都中央区銀座7丁目
5. 和風バー　あずま
   東京都中央区銀座7丁目
6. レストランバー　ディープブルー
   東京都港区六本木7丁目　設計：プラス エフ
7. バー　ジェイルハウス
   東京都渋谷区渋谷2丁目

1. SHOT BAR
   Nishi-azabu, Tokyo
2. Cigar Shop, Bar & Café le CONNAISSEUR Akasaka
   Akasaka, Tokyo   Design : Architect J
3. Show Pub Roppongi KINGYO
   Roppongi, Tokyo
4. Food Bar Ginza BUÒNO
   Ginza, Tokyo
5. Japanese bar AZUMA
   Ginza, Tokyo
6. Restaurant, bar DEEP BLUE
   Roppongi, Tokyo   Design : Plus F
7. Bar JAIL HOUSE
   Shibuya, Tokyo

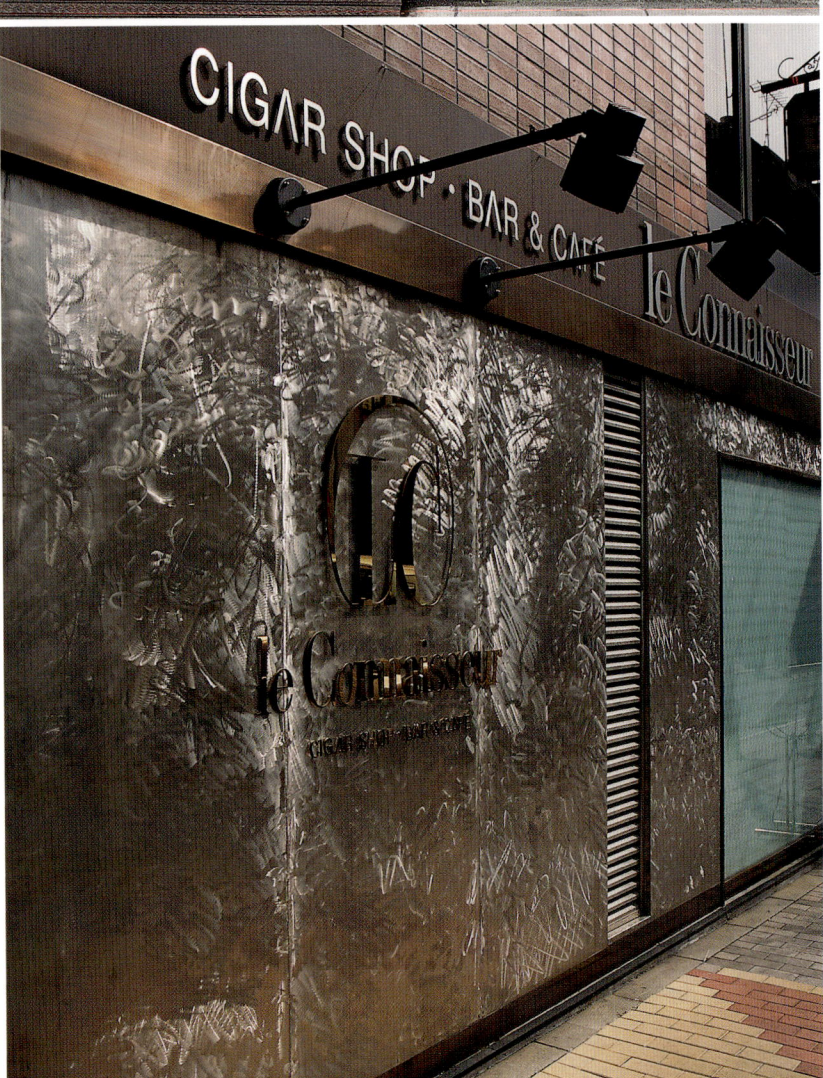

Dining-bar signs

Roy's
AOYAMA
BAR&GRILL

FINE ALES
HUB
FISH&CHIPS

BAR
ラクダ

Milano
club
Tokyo Roppongi

SWEET SOUL BAR
RARE SOUL

Bar clay
Bar
clay

Dining-bar signs

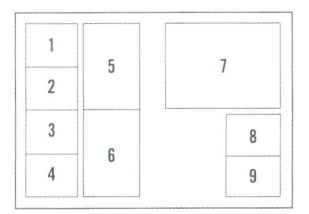

1. ロイズ青山バー＆グリル
   東京都港区南青山3丁目
2. ザ・イングリッシュパブ　ハブ渋谷店
   東京都渋谷区宇田川町3
3. ナイトクラブ　ミラノクラブ
   東京都港区六本木4丁目
4. スイートソウルバー　レアソウル
   東京都港区西麻布3丁目
5. バー　ラクダ
   東京都中央区銀座8丁目
6. バー　クレイ
   東京都港区六本木7丁目
7. パブ　アイリッシュハウス
   東京都港区新橋2丁目
8. バーボン＆スコッチ　門
   東京都渋谷区宇田川町28
9. ザ・ウオッカバー
   東京都港区六本木3丁目

1. ROY'S Aoyama Bar & Grill
   Aoyama, Tokyo
2. The English pub HUB Shibuya
   Shibuya, Tokyo
3. Nightclub MILANO Club
   Roppongi, Tokyo
4. Sweet Soul Bar RARE SOUL
   Nishi-azabu, Tokyo
5. Bar RAKUDA
   Ginza, Tokyo
6. Bar CLAY
   Roppongi, Tokyo
7. Pub THE IRISH HOUSE
   Shinbashi, Tokyo
8. Bourbon & Scotch MON
   Shibuya, Tokyo
9. The VODKA BAR
   Roppongi, Tokyo

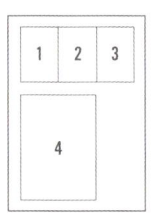

1. バー　セットオフ
   東京都新宿区新宿3丁目　設計：スーパーポテト
2. バー　カスク
   東京都港区六本木3丁目
3. バー　ハルコート
   東京都港区南青山3丁目
   御影石に刻み込まれたマグサ上のサイン
4. フード＆ダイニングラウンジ　恵比寿バー
   東京都恵比寿西1丁目

1. Bar SET/OFF
   Shinjuku, Tokyo Design:Super Potato
2. Bar CASK
   Roppongi, Tokyo
3. Bar HARCOURT
   Aoyama, Tokyo
4. Food & Dining Lounge EBISU BAR
   Ebisu, Tokyo

SHOP SIGNS
CHAPTER 2

WA DININGS
CHARCOAL GRILLS
JAPANESE RESTAURANTS

054

Wa dining signs

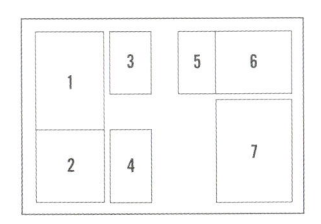

1. 和ダイニング　月の蔵 銀座
   東京都中央区銀座8丁目
   設計：スピン＋柳谷空間設計室　ロゴ：片岡鶴太郎
2. 京都ダイニングサロン　蔵家
   東京都港区六本木3丁目
3. 魚馳走亭　ちゃぼん 表参道店
   東京都港区北青山3丁目
4. ダイニングバー　忍庭
   東京都港区北青山2丁目　設計：アトリエ斗人
5,6. 旬菜ダイニング　伽羅
   東京都港区南青山6丁目
   6.は外壁のアートグラフィック的な光り壁
7. 和ダイニング　権八 西麻布店
   東京都港区西麻布1丁目
   設計：グローバルダイニング

1. Wa dining TSUKINOKURA Ginza
   Ginza, Tokyo   Design : Spin + Yanagiya Space
   Design   Logo : Tsurutaro Kataoka
2. Kyoto Dining Salon KURAGE
   Roppongi, Tokyo
3. Wa dining CHAPON Omote-sando
   Aoyama, Tokyo
4. Dining-bar SHINOBUTEI
   Aoyama, Tokyo   Design : Atelier Toto
5,6. Wa dining KYARA
   Aoyama, Tokyo
7. Wa dining GONPACHI Nishi-azabu
   Nishi-azabu, Tokyo   Design : Global Dining

1	3		
		4	5
2		6	
		7	8

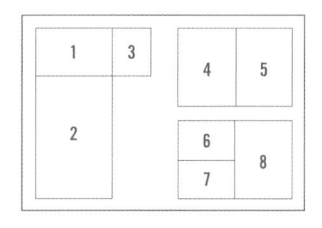

1. 豆冨料理＆創作和菜　月の雫 渋谷文化村通り店
   東京都渋谷区道玄坂2丁目
2. 和ダイナー　き
   東京都新宿区西新宿7丁目
3. 和風ダイニングバー　イチイ
   東京都港区六本木2丁目
   設計：デザインスタジオスピン　グラフィック：犀
4,5. 和ダイニング　忍庭 螢
   東京都渋谷区恵比寿南1丁目　設計：アトリエ斗人
6. ダイニングバー　凡
   東京都港区赤坂5丁目
7. ダイニングバー　和み処凛 新橋店
   東京都港区新橋3丁目
8. お忍びダイニング　れんま池袋店
   東京都豊島区西池袋1丁目

1. Wa dining TSUKINOSHIZUKU Shibuya bunkamura doori
   Shibuya, Tokyo
2. Wa dinner KI
   Shinjuku, Tokyo
3. Wa dining-bar ICHII
   Roppongi, Tokyo
   Design : Design studio SPIN Graphic : Sai
4,5. Wa dining SHINOBUTEI HOTARU
   Ebisu, Tokyo Design : Atelier Toto
6. Dining bar BON
   Akasaka, Tokyo
7. Wa dining RIN Shinbashi
   Shinbashi, Tokyo
8. Wa dining RENMA Ikebukuro
   Ikebukuro, Tokyo

Wa dining signs

057

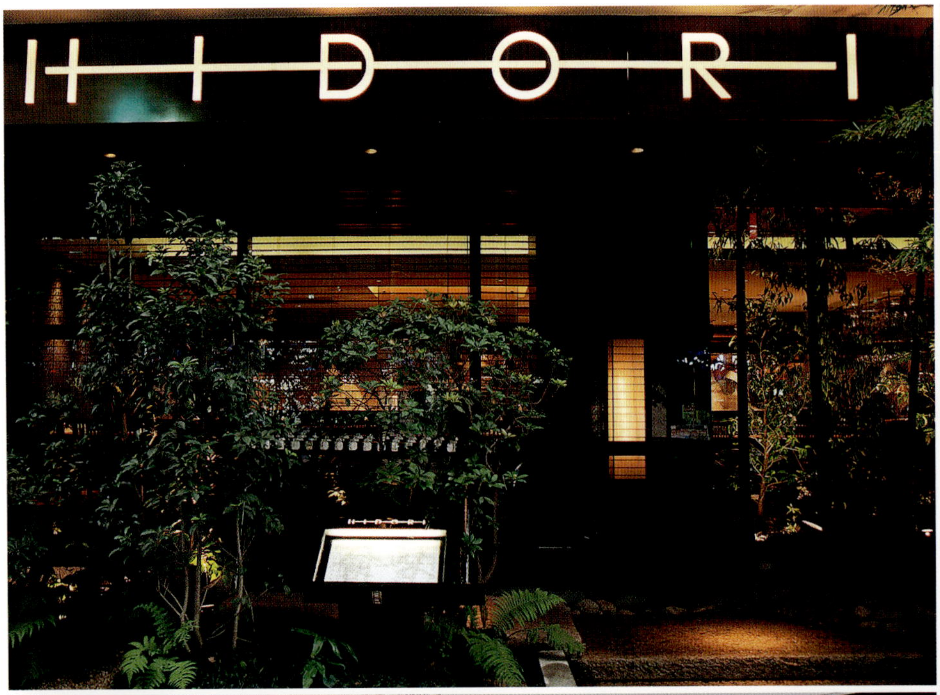
HIDORI

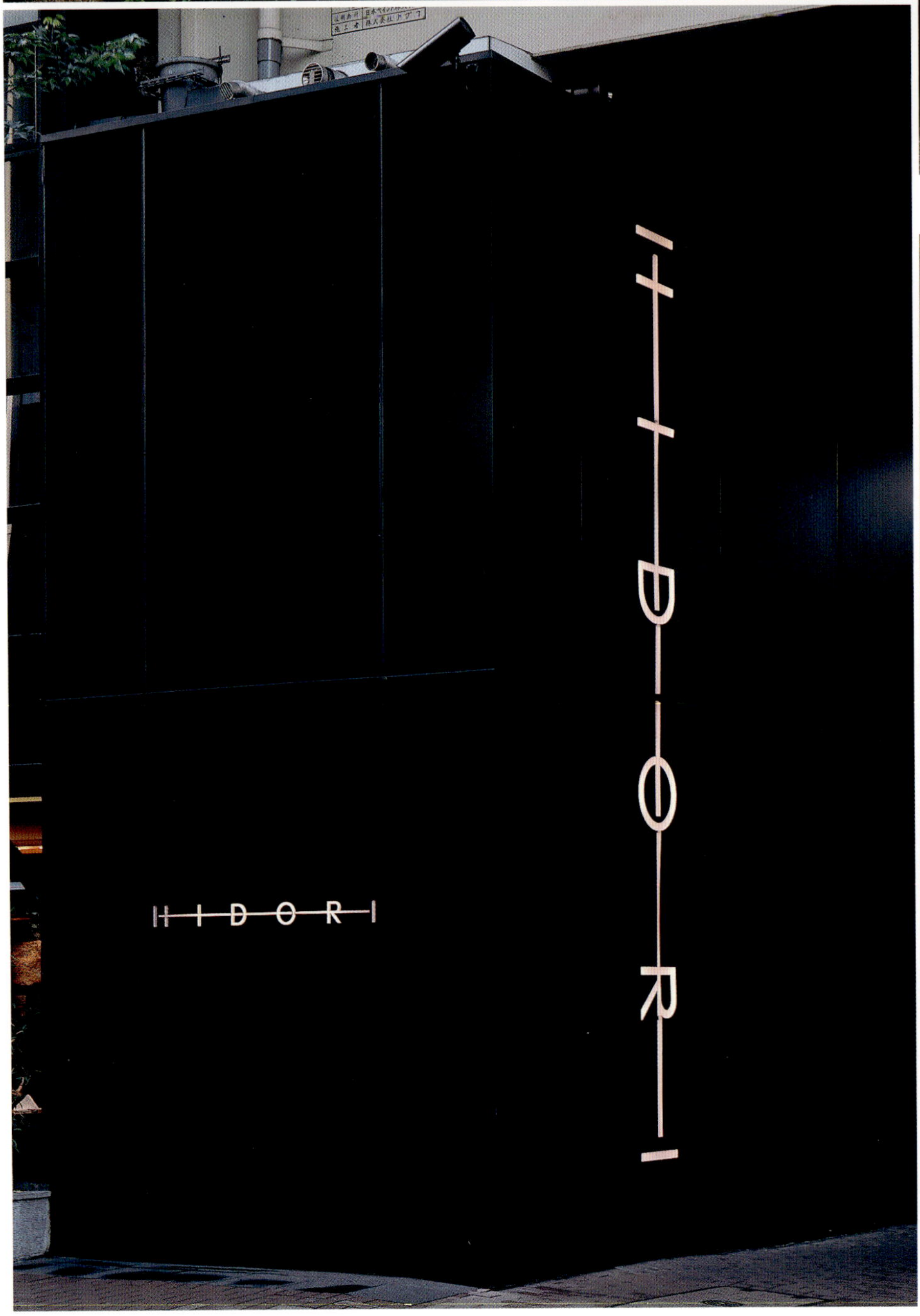
HIDORI
HIDORI

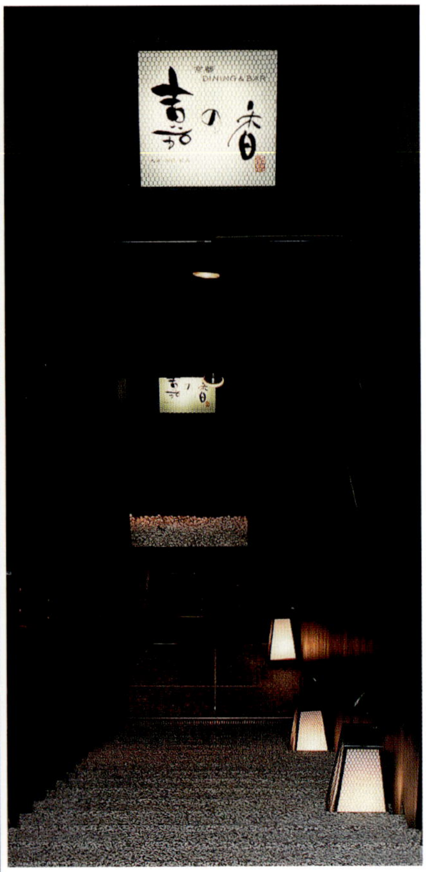
DINING & BAR

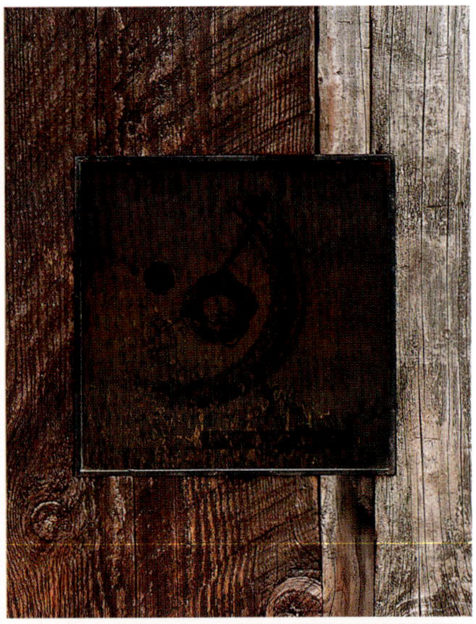

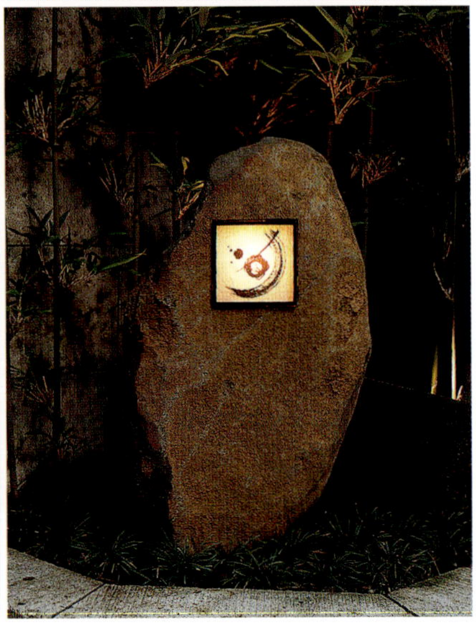

Wa dining signs

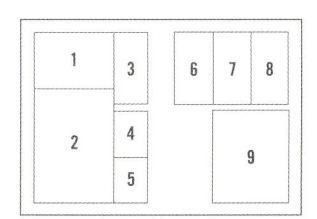

1	3	6	7	8
2	4		9	
	5			

1,2. デザイナーズダイニング&バー　ヒドリ
　　 東京都中央区銀座6丁目　設計：エムディー
　　 2.は高架下の柱脚を利用したサイン
3.　 京都ダイニング&バー　嘉の香 池袋店
　　 東京都豊島区南池袋1丁目
4,5. 創作和食　関内本店 月
　　 横浜市中区尾上町5丁目　4.は扉サインのアップ
6.　 ダイニングバー　ワイズダイニング
　　 東京都港区北青山2丁目
7,8. かくれがダイニング　さいぞう
　　 東京都渋谷区神南1丁目　8.は柱サイン
9.　 プライベートダイニング　トモル 銀座コリドー店
　　 東京都中央区銀座6丁目　設計：ミクプランニング

1,2. **Designer's dining & bar HIDORI**
　　 Ginza, Tokyo　Design : MD
3.　 **Kyoto dining & bar KANOKA Ikebukuro**
　　 Ikebukuro, Tokyo
4,5. **Wa dining Kannai Honten TSUKI**
　　 Kannai, Yokohama
6.　 **Dining-bar Y'S DINING**
　　 Aoyama, Tokyo
7,8. **Wa dining SAIZO**
　　 Shibuya, Tokyo
9.　 **Private dining TOMORU Ginza-corridor**
　　 Ginza, Tokyo　Design : Mic Planning

| 1 | | 4 | 5 |
| 2 | 3 | 6 | 7 |

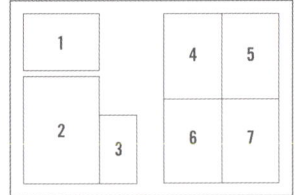

1. おいしい肴とうまい酒　赤坂 四季膳
   東京都港区赤坂4丁目
2. 豆腐＆地鶏　赤坂　あん庵
   東京都港区赤坂3丁目
3. 豆富料理＆炭火焼　月の雫 東池袋店
   東京都豊島区南池袋2丁目
4. 和ダイニングバー　忍庭泉
   東京都渋谷区神南1丁目　設計：アトリエ斗人
5. 和ダイニング　麻布 川上庵
   東京都港区麻布十番3丁目
6. 和ダイニング　たいたんやいたん
   東京都渋谷区恵比寿西1丁目
   設計：兼城祐作十造形集団
7. 和ダイニング　伸 赤坂
   東京都港区赤坂2丁目

1. Wa dining Akasaka SHIKIZEN
   Akasaka, Tokyo
2. Wa dining & grill AN-AN
   Akasaka, Tokyo
3. Wa dining & grill TSUKINOSHIZUKU Higashi-ikebukuro
   Ikebukuro, Tokyo
4. Wa dining-bar SHINOBUTEI IZUMI
   Shibuya, Tokyo Design : Atelier Toto
5. Wa dining Azabu KAWAKAMIAN
   Azabu-juban, Tokyo
6. Wa dining TAITAN YAITAN
   Ebisu, Tokyo Design : Yusaku Kaneshiro
7. Wa dining SHIN Akasaka
   Akasaka, Tokyo

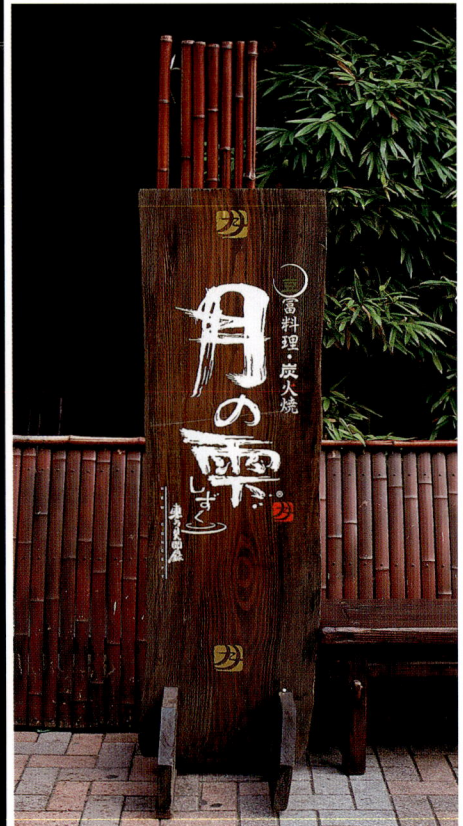

Wa dining signs

NEW TRAD
IN WASHOKU 禅

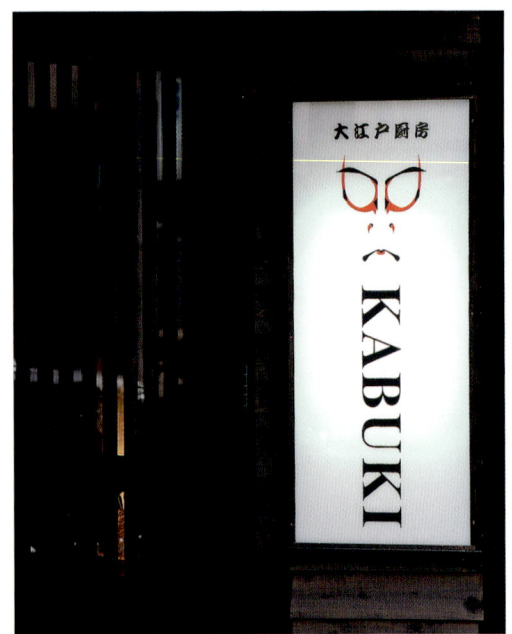

大江戸厨房
KABUKI

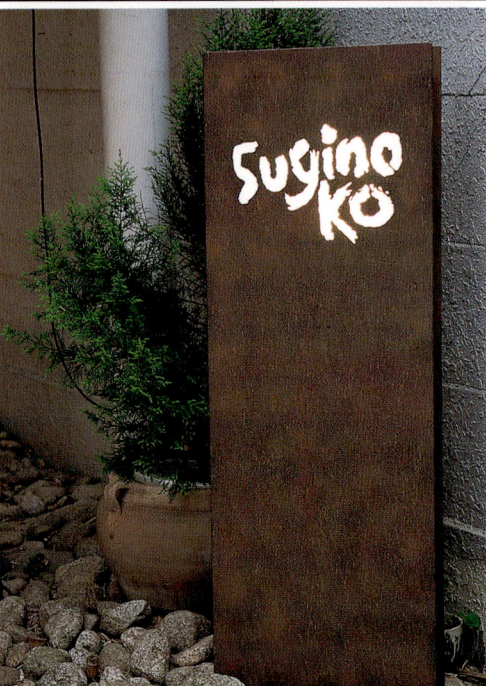

Sugino
KO

Wa dining signs

1. 新和食　禪
   横浜市中区尾上町3丁目
   設計：永井デザイン事務所
2. 新和食　るちあ
   東京都渋谷区神宮前1丁目
3. 大江戸厨房　カブキ
   横浜市中区住吉町3丁目
4,5. 創作日本料理　スギノコ青山店
   東京都港区北青山3丁目　5.はメニューサイン
6. 豆腐と地鶏料理　燈庵
   東京都港区北青山2丁目
7. 和ダイニング＆すし　南青山椿
   東京都港区南青山3丁目
8. 新和食ダイニング　隠れ房
   東京都港区南青山5丁目

1. New trad in washoku ZEN
   Kannai, Yokohama Design : Nagai Design Office
2. Wa dining LUCIA
   Jingu-mae, Tokyo
3. Wa dining-bar KABUKI
   Kannai, Yokohama
4,5. Wa dining SUGINOKO Aoyama
   Aoyama, Tokyo
6. Wa dining & Grill TOUAN
   Aoyama, Tokyo
7. Wa dining & Sushi TSUBAKI Minami-aoyama
   Aoyama, Tokyo
8. Wa dining KAKUREBO
   Aoyama, Tokyo

064

Japanese grill Restaurant signs

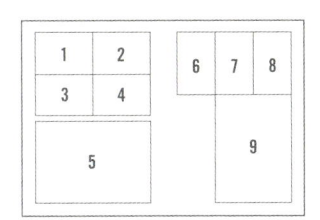

1. 和韓海鮮串焼　毎水
   東京都港区新橋2丁目　設計：兼城祐作十造形集団
2. 串焼き・煮もの　鍵屋
   東京都渋谷区道玄坂1丁目
3. 炭焼　ことしろぬし
   東京都渋谷区恵比寿西1丁目
4. くし焼　狄（てき）
   東京都港区北青山2丁目
5. 旬菜炙り家美酒食堂　銀蔵本店
   東京都中央区銀座3丁目
6. 炭焼ビストロ　炎や
   横浜市中区太田町2丁目
7. 炭焼き　六本木 七輪や
   東京都港区六本木7丁目
8. 串焼&バー　五大陸 新橋烏森口店
   東京都港区新橋3丁目
9. 炭火串焼き・十割そば　鳥元 新宿西口店
   東京都新宿区西新宿1丁目

1. Japo-Korean seafood & bbq MAISUI
   Shinbashi, Tokyo
2. Japanese Grill Restaurant KAGIYA
   Shibuya, Tokyo
3. Japanese Grill Restaurant KOTOSHIRONUSHI
   Ebisu, Tokyo
4. Japanese Grill Restaurant TEKI
   Aoyama, Tokyo
5. Japanese Grill Restaurant GINGURA Main shop
   Ginza, Tokyo
6. Grill & Bistro HONOOYA
   Kannai, Yokohama
7. Japanese Grill Restaurant Roppongi SHICHIRINYA
   Roppongi, Tokyo
8. Grill & Restaurant-bar
   GOTAIRIKU Shinbashi Karasumoriguchi
   Shinbashi, Tokyo
9. Japanese Grill Restaurant TORIGEN Shinjuku-nishiguchi
   Shinjuku, Tokyo

1	2	3
4		
	5	6
	7	

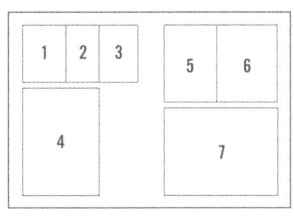

1. 炭焼鳥　ざんまい
   東京都港区赤坂3丁目
2. 鶏料理専門店　鳥一 新宿西口店
   東京都新宿区西新宿1丁目
3. 宮崎地鶏炭火焼　車 恵比寿店
   東京都渋谷区東3丁目
4. 炭火焼と手造り料理　くわい家
   東京都豊島区東池袋1丁目
5. 地鶏焼き　がいがい
   東京都港区麻布十番1丁目
6. 炙り焼　七厘や 圓
   東京都中央区銀座7丁目
7. 串焼　鳥庵
   東京都港区西麻布1丁目

1. **Grilled chicken Restaurant ZANMAI**
   Akasaka, Tokyo
2. **Grilled chicken Restaurant TORIICHI Shinjuku-nishiguchi**
   Shinjuku, Tokyo
3. **Grilled chicken Restaurant KURUMA Ebisu**
   Shibuya, Tokyo
4. **Japanese Grill Restaurant KUWAIYA**
   Ikebukuro, Tokyo
5. **Grilled chicken Restaurant GAIGAI**
   Azabu-juban, Tokyo
6. **Japanese Grill Restaurant SHICHIRINYA EN**
   Ginza, Tokyo
7. **Grilled chicken Restaurant CHOAN**
   Nishi-azabu, Tokyo

Japanese grill Restaurant signs

067

魚の市

純粋 名古屋コーチン専門店

お持ち帰り
立ち呑み処

回廊の家

炭焼 百富おでん 天とし

B1F

天とし

旬の素材の岩火焼
能登直送の鮮魚の数々
出汁じまんのおでんにて
ゆるりと和んで
いきませう

Japanese grill Restaurant signs

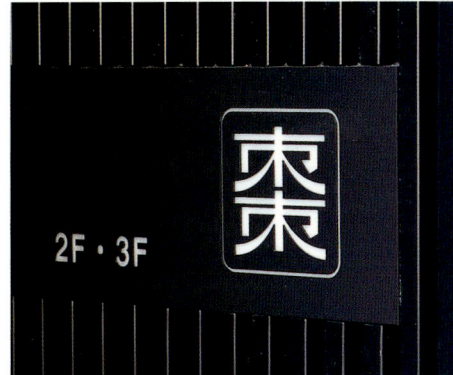

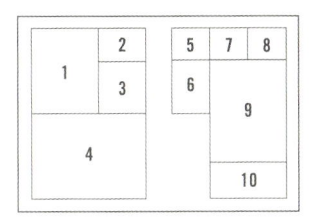

1. 名古屋コーチン専門やき鳥　池袋 酉の市
   東京都豊島区南池袋1丁目
2. 炭火串焼　回廊の家
   東京都豊島区南池袋2丁目
3,4. 炭火焼・豆冨・おでん　天とてん
   東京都港区赤坂2丁目
5,6. 串焼と和食　棗(なつめ) 新宿西口小滝橋通り店
   東京都新宿区西新宿7丁目
   5.は入り口階段わきサイン、6.はファサードサイン
7. 炭火串焼　やき龍 新宿東口店
   東京都新宿区新宿3丁目
8. 秋田比内地鶏　猿のしっぽ
   東京都港区麻布十番1丁目
9,10. 炭焼宮崎地鶏　一鳥
   東京都港区赤坂3丁目

1. Grilled chicken Restaurant Ikebukuro TORINOICHI
   Ikebukuro, Tokyo
2. Japanese Grill Restaurant KAIROU NO IE
   Ikebukuro, Tokyo
3,4. Japanese Grill Restaurant TEN TO TEN
   Akasaka, Tokyo
5,6. Japanese Grill Restaurant NATSUME Otakibashi-doori
   Shinjuku, Tokyo
7. Japanese Grill Restaurant
   YAKITATSU Shinjuku-higashiguchi
   Shinjuku, Tokyo
8. Grilled chiken Restaurant SARU-NO-SHIPPO
   Azabu-juban, Tokyo
9,10. Grilled chicken Restaurant ICCHO
   Akasaka, Tokyo

1			4	5	6
			7		
2	3		8		

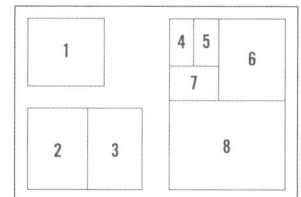

1. 伊達鳥・野菜とお酒　すみか 南青山店
   東京都港区南青山5丁目
2. 炭火焼きステーキ　醍醐
   東京都港区西麻布1丁目
3. やきとり　茜酉 渋谷店
   東京都渋谷区道玄坂2丁目
4. 炭火焼鳥　備長
   横浜市中区石川町2丁目
5. 炭焼き　串屋しもむら
   東京都港区六本木5丁目
6. 石焼地鶏　石庵 西麻布店
   東京都港区西麻布4丁目
7,8. 炙焼き　七厘や黒龍
   東京都中央区銀座7丁目　7.は外壁の幔幕サイン

1. Japanese Grill Restaurant SUMIKA Minami-aoyama
   Aoyama, Tokyo
2. Charcoal Steak Restaurant DAIGO
   Nishi-azabu, Tokyo
3. Grilled chicken Restaurant AKANE TORI Shibuya
   Shibuya, Tokyo
4. Grilled chicken Restaurant BINCHO
   Ishikawa-cho, Yokohama
5. Japanese Grill Restaurant Kushiya SHIMOMURA
   Roppongi, Tokyo
6. Grilled chicken Restaurant ISSHAN Nishi-azabu
   Nishi-azabu, Tokyo
7,8 Japanese Grill Restaurant SHICHIRINYA Kokuryu
   Ginza, Tokyo

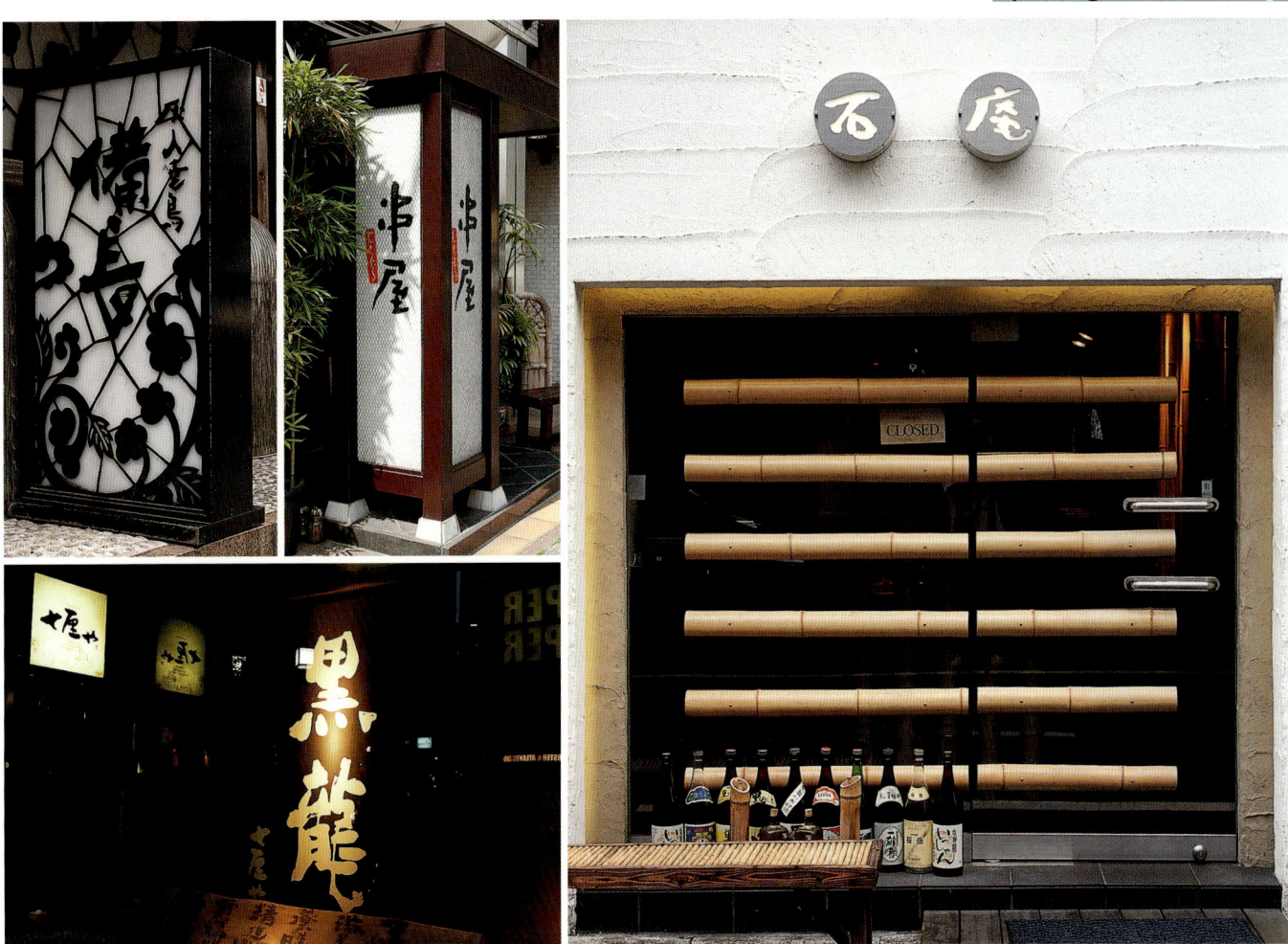

Japanese grill Restaurant signs

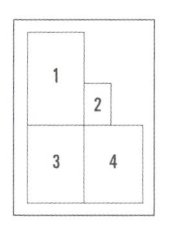

1,2. 炭遊酒菜　はたご
東京都新宿区西新宿1丁目　2.は外柱付きサイン

3. 地鶏料理と薬膳　銀座 古来家匠郭
東京都中央区銀座8丁目

4. 炭火串焼　寄鳥翠灯
東京都豊島区南池袋1丁目

1,2. Japanese Grill Restaurant HATAGO
Shinjuku, Tokyo

3. Japanese Grill Restaurant Ginza KORAIYA SHOKAKU
Ginza, Tokyo

4. Japanese Grill Restaurant YORIDORI MIDORI Tomoshibi
Ikebukuro, Tokyo

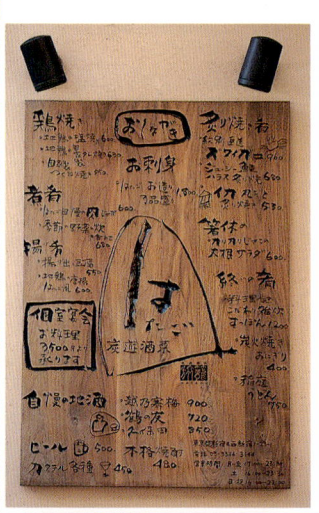

Japanese grill & restaurant-bar signs

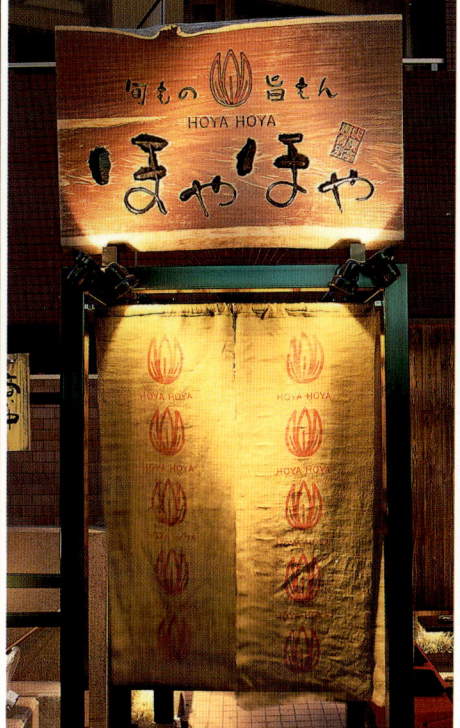

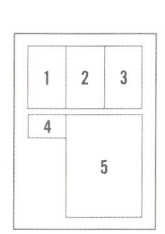

1. くいどころバー いち
   東京都新宿区西新宿1丁目
2. 旬もん旨もん ほやほや
   東京都渋谷区恵比寿西1丁目
   設計：兼城祐作十造形集団
3. 居酒屋 津々浦々
   東京都豊島区東池袋1丁目
4. 自然酒庵 虎之介
   東京都新宿区新宿3丁目
5. 自然酒庵 虎之介 赤坂
   東京都港区赤坂4丁目

1. Japanese restaurant-bar ICHI
   Shinjuku, Tokyo
2. Japanese restaurant-bar HOYA HOYA
   Ebisu, Tokyo Design : Yusaku Kaneshiro
3. Japanese restaurant-bar TSUTSU URAURA
   Ikebukuro, Tokyo
4. Japanese restaurant-bar TORANOSUKE
   Shinjuku, Tokyo
5. Japanese restaurant-bar TORANOSUKE Akasaka
   Akasaka, Tokyo

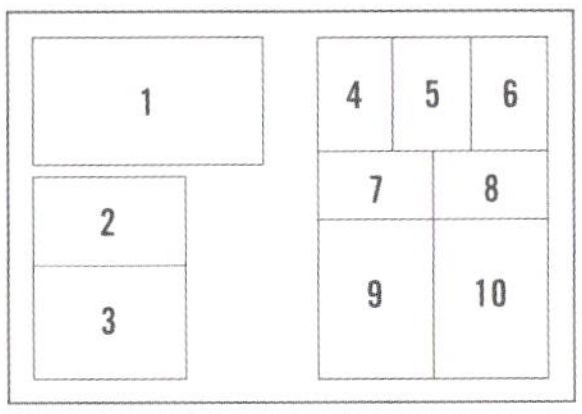

1. 魚料理居酒屋　魚金
   東京都豊島区西池袋1丁目
2. 手打ちそば・地鶏居酒屋　六歌仙
   東京都豊島区西池袋1丁目
3. 東風酒場　まんじゅうや渋谷店
   東京都渋谷区宇田川町33
4. 居酒屋　味蕾楽坊　倉や
   東京都豊島区西池袋1丁目
5. 居酒屋　らでん
   東京都渋谷区恵比寿1丁目
6. 創作和風居酒屋　台所家
   横浜市中区住吉町3丁目
7. 居酒屋　西麻布　燦糺（さんきゅう）
   東京都港区西麻布3丁目
8. 大衆酒場　黒提灯
   東京都港区赤坂3丁目
9. おでん＆酒　もみじや
   東京都豊島区南池袋1丁目
10. 旬菜酒房　呑菜 池袋東口店
    東京都豊島区南池袋1丁目

1. Japanese fish restaurant-bar UOKIN
   Ikebukuro, Tokyo
2. Japanese restaurant-bar ROKKASEN
   Ikebukuro, Tokyo
3. Restaurant-bar MANJUYA
   Shibuya, Tokyo
4. Japanese restaurant-bar KURAYA
   Ikebukuro, Tokyo
5. Japanese restaurant-bar RADEN
   Ebisu, Tokyo
6. Japanese restaurant-bar DAIDOKOROYA
   Kannai, Tokyo
7. Japanese restaurant-bar SANKYU
   Nishi-azabu, Tokyo
8. Japanese restaurant-bar KURO CHOCHIN
   Akasaka, Tokyo
9. Japanese oden bar MOMIJIYA
   Ikebukuro, Tokyo
10. Wa dining-bar DONNA Ikebukuro-higashiguchi
    Ikebukuro, Tokyo

Japanese restaurant-bar signs

076

Japanese restaurant-bar signs

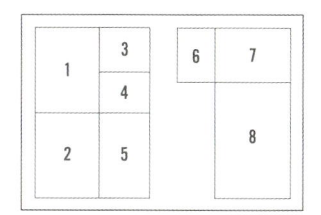

1. 和風居酒屋　わらじや
   東京都渋谷区宇田川町13
2. 魚料理居酒屋　魚金
   東京都港区新橋3丁目
3. 酒処　萬屋松風
   東京都豊島区西池袋1丁目
4. ビストロ　土火土火（どかどか）
   東京都港区西麻布4丁目
5. 地鶏・豆冨・おでん　などわど
   東京都港区六本木7丁目
6. くいもの屋　わん池袋店
   東京都豊島区南池袋1丁目
7. 和食酒房　横濱人
   横浜市中区元町1丁目
8. 酒処　浪蔓房
   東京都新宿区新宿3丁目

1. Japanese restaurant-bar WARAJIYA
   Shibuya, Tokyo
2. Japanese fish restaurant-bar UOKIN
   Shinbashi, Tokyo
3. Japanese restaurant-bar MATSUKAZE
   Ikebukuro, Tokyo
4. Bistro DOKA DOKA
   Nishi-azabu, Tokyo
5. Japanese restaurant-bar NADO WADO
   Roppongi, Tokyo
6. Japanese restaurant-bar WAN Ikebukuro
   Ikebukuro, Tokyo
7. Japanese restaurant-bar YOKOHAMAJIN
   Motomachi, Yokohama
8. Japanese restaurant-bar ROMANBO
   Shinjuku, Tokyo

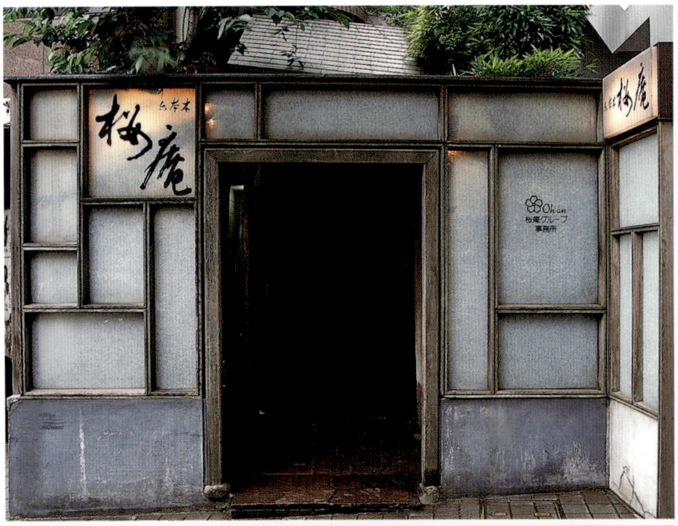
桜庵

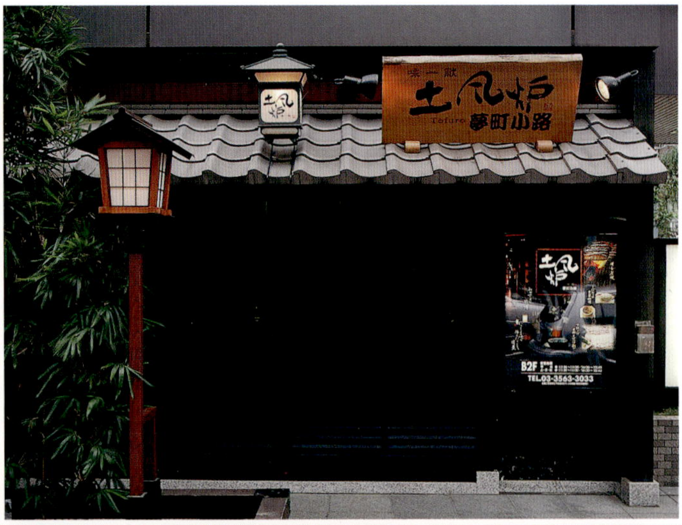
土風炉
夢町小路

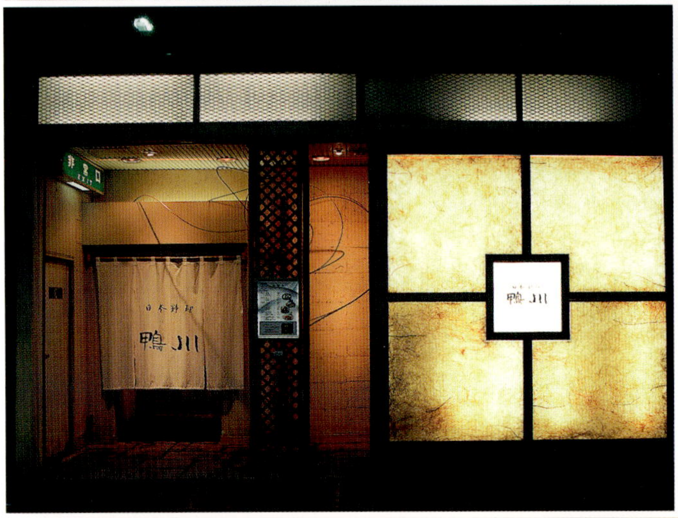
鴨川

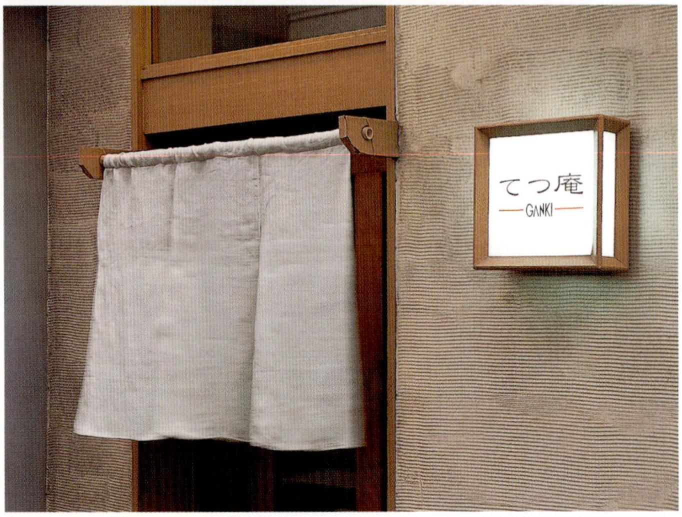
てつ庵
GANKI

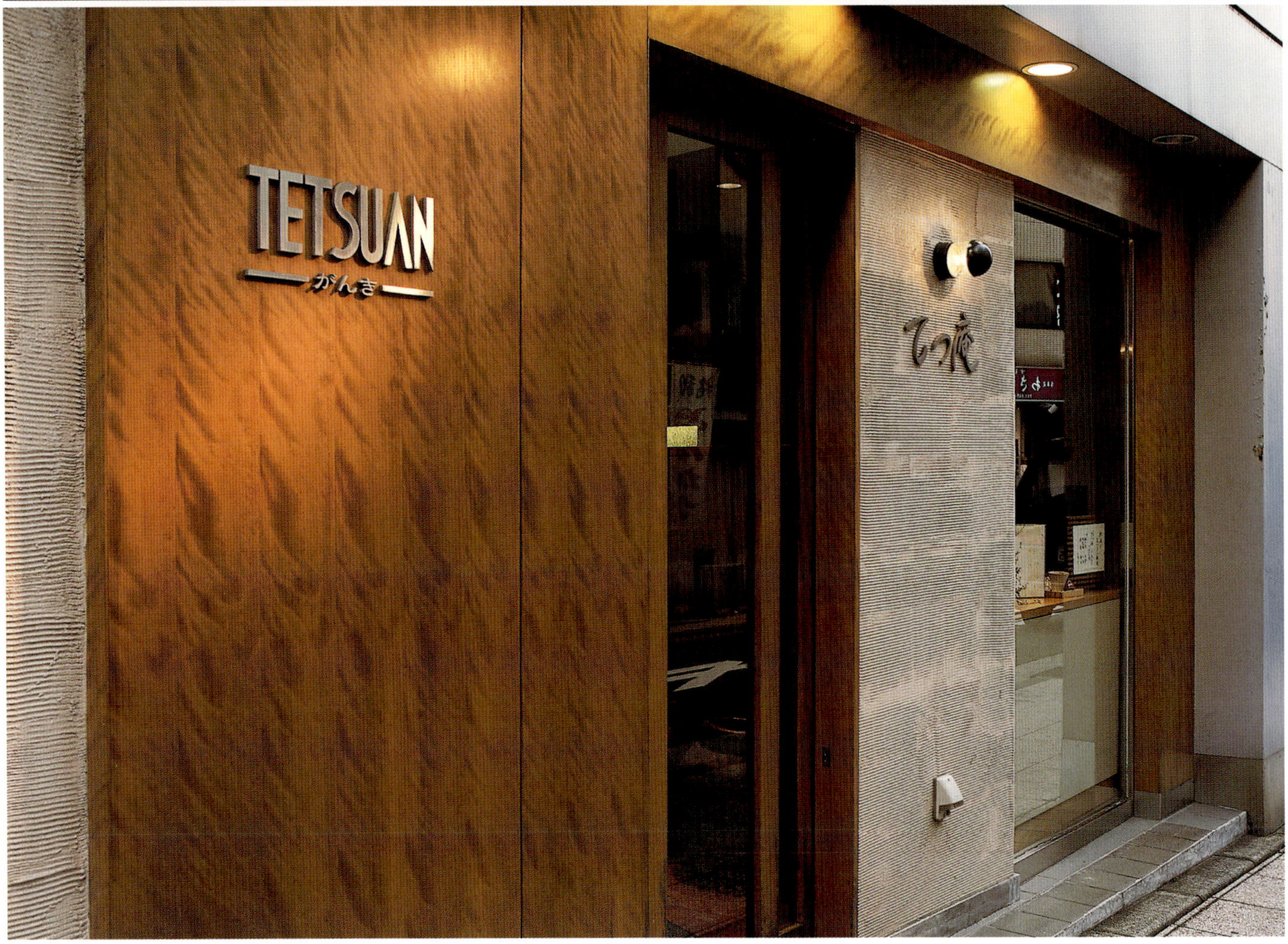
TETSUAN
がんき
てつ庵

Japanese Restaurant signs

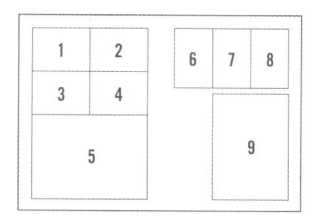

1. 和食　六本木 桜庵
   東京都港区六本木6丁目
2. 和食　土風炉 夢町小路 銀座1丁目店
   東京都中央区銀座1丁目
3. 日本料理　鴨川 銀座店
   東京都中央区銀座3丁目　設計：ミクプランニング
4,5. 和食　てつ庵 がんき
   横浜市中区住吉町5丁目
   4.はサブ入り口、5.がファサード
6. 割烹　梅多
   横浜市中区相生町5丁目
7. 京風家庭料理　雪月花
   東京都渋谷区神南1丁目
   設計：プラスチックスタジオアソシエイツ
8. 和食　力（りき）
   東京都渋谷区神南1丁目
9. 京の田舎料理　御蔵 銀座店
   東京都中央区銀座1丁目

1. Japanese restaurant Roppongi OUAN
   Roppongi, Tokyo
2. Japanese restaurant TOFURO Ginza 1chome
   Ginza, Tokyo
3. Japanese restaurant KAMOGAWA Ginza
   Ginza, Tokyo Design : Mic Planning
4,5. Japanese restaurant TETSUAN Ganki
   Kannai, Yokohama
6. Japanese restaurant UMEDA
   Kannai, Yokohama
7. Kyoto style restaurant SETSUGEKKA
   Shibuya, Tokyo Design : Plastic Studio Associates
8. Japanese restaurant RIKI
   Shibuya, Tokyo
9. Kyoto style restaurant MIKURA Ginza
   Ginza, Tokyo

		5	6
1	4	7	8
2	3	9	

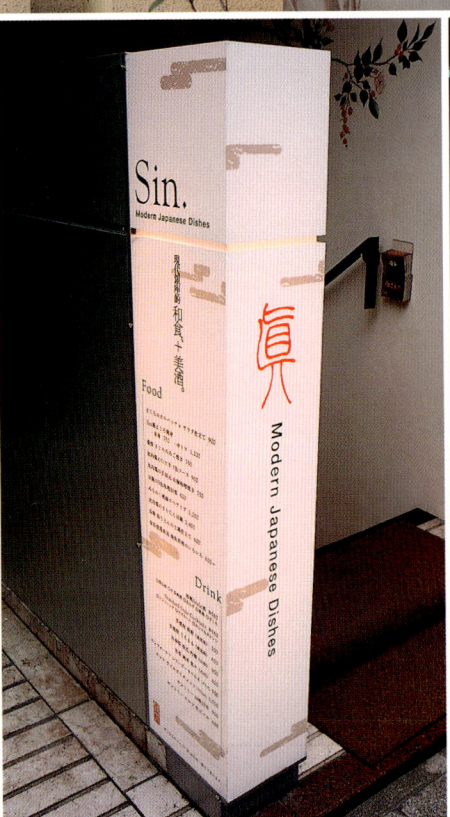

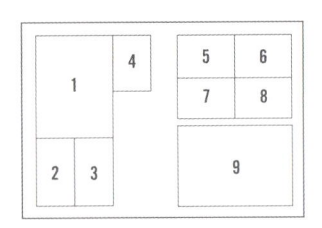

1. めし処　一兆
   東京都港区南青山5丁目
   設計：内田 繁＋スタジオ80　ロゴ：佐藤晃一
2. モダン和食＋美酒　眞
   東京都中央区銀座2丁目　設計：デカルト
3. 和食　㐂楽横浜
   横浜市中区常盤町2丁目
4. 美酒佳肴　いっこてん
   東京都新宿区西新宿7丁目
5. 料亭　鶴よし
   東京都港区赤坂2丁目
6. 料亭　佐藤
   東京都港区赤坂2丁目
7. 割烹　松葉
   東京都港区赤坂2丁目
8. 料亭　口悦
   東京都港区赤坂2丁目
9. 和食　今井屋茶寮
   東京都渋谷区恵比寿西1丁目

1. Japanese restaurant ITCHOH
   Aoyama, Tokyo
   Design : Shigeru Uchida+Studio 80　Logo : Koichi Sato
2. Japanese restaurant SIN
   Ginza, Tokyo　Design : Descartes
3. Japanese restaurant KIRAKU
   Kannai, Yokohama
4. Japanese restaurant IKKOTEN
   Shinjuku, Tokyo
5. Japanese ryotei TSURUYOSHI
   Akasaka, Tokyo
6. Japanese ryotei SATO
   Akasaka, Tokyo
7. Japanese restaurant MATSUBA
   Akasaka, Tokyo
8. Japanese ryotei KOETSU
   Akasaka, Tokyo
9. Japanese restaurant IMAIYA SARYO
   Ebisu, Tokyo

Japanese Restaurant signs

築地 一隅

ふく・魚匠料理 たらふく

海鳴りの岬 割烹 龍飛

菅井
和食 菅井

Japanese Restaurant signs

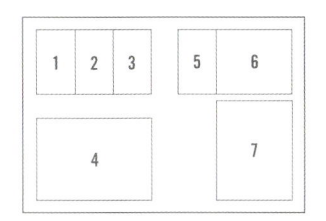

1	2	3		5	6
	4				7

1. 和食　築地一隅 麻布十番店
   東京都港区麻布十番2丁目
2. ふぐ魚匠料理　たらふく
   東京都港区西麻布3丁目
3. 割烹　龍飛（たっぴ）
   東京都渋谷区宇田川町12
4. 和食　菅井
   横浜市中区太田町5丁目
5,6. 和食　草木花 からころ亭
   東京都新宿区西新宿7丁目
7. 魚料理　吟味 黄金乃舌
   東京都港区新橋1丁目
   設計：橋本夕紀夫デザインスタジオ
   　　　グラフィクスアンドデザイニング

1. Japanese restaurant Tsukiji ICHIGU Azabu-juban
   Azabu-juban, Tokyo
2. Japanese fish restaurant TARAFUKU
   Nishi-azabu, Tokyo
3. Japanese restaurant TAPPI
   Shibuya, Tokyo
4. Japanese restaurant SUGAI
   Kannai, Yokohama
5,6. Japanese restaurant KARAKORO-TEI
   Shinjuku, Tokyo
7. Japanese fish restaurant OUGON-NO-SHITA
   Shinbashi, Tokyo

1	2		4	5
3			6	8
			7	

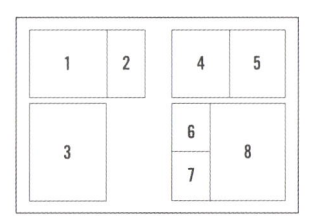

1,2. とうふ・ゆば・和菜　荳庵 銀座店
　　東京都中央区銀座8丁目

3. 旬和食と地酒　茶夢
　東京都渋谷区恵比寿南1丁目

4. 割烹　もりかわ
　東京都港区赤坂7丁目

5. 懐石料理　吉仙
　東京都港区六本木5丁目

6. 料亭　金龍
　東京都港区赤坂3丁目

7. 割烹　赤坂 三河家
　東京都港区赤坂3丁目

8. 創作懐石　無名狼
　東京都渋谷区広尾5丁目

1,2. Japanese restaurant MAME-AN Ginza
　　Ginza, Tokyo

3. Japanese restaurant CHAMU
　Ebisu, Tokyo

4. Japanese restaurant MORIKAWA
　Akasaka, Tokyo

5. Japanese kaiseki restaurant KISSEN
　Roppongi, Tokyo

6. Japanese ryotei KINRYU
　Akasaka, Tokyo

7. Japanese restaurant Akasaka MIKAWAYA
　Akasaka, Tokyo

8. Japanese kaiseki restaurant MUMEIRO
　Hiroo, Tokyo

Japanese Restaurant signs

085

日本料理 吉力

商い中
愛立尾恨栖

赤坂馳走屋
黒座暁楼

魚　鯛
肉　力の源なり
豚　塩あぶり
鶏　山野の鮮
鹿　南蛮煮
牛　赤坂
　　黒座暁楼

赤坂馳走屋
黒座暁楼

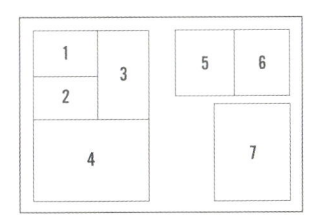

Japanese Restaurant signs

1	3	5	6
2			
4		7	

1. 懐石料理　吉力
   東京都渋谷区代々木2丁目
2. 和食　かどわき
   東京都港区麻布十番3丁目
3,4. 和食　赤坂馳走屋 黒座暁楼
   東京都港区赤坂3丁目
5. 板前割烹　山の井
   東京都港区六本木7丁目
   設計：内田　繁＋スタジオ80
6. 和食　魚可祝渋谷本店
   東京都渋谷区道玄坂1丁目
7. 和食・炙り焼き　藏部史郎
   東京都港区赤坂4丁目

1. Japanese kaiseki restaurant KICHIRIKI
   Shinjuku, Tokyo
2. Japanese restaurant KADOWAKI
   Azabu-juban, Tokyo
3,4. Japanese restaurant KUROZA AKATSUKIRO
   Akasaka, Tokyo
5. Japanese restaurant YAMANOI
   Roppongi, Tokyo Design : Shigeru Uchida+Studio80
6. Japanese restaurant UO KASHIKU Shibuya main shop
   Shibuya, Tokyo
7. Japanese restaurant KURABE SHIRO
   Akasaka, Tokyo

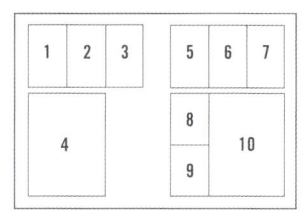

1. そば処　赤坂 長寿庵
   東京都港区赤坂5丁目
2. そば処　木の芽
   横浜市中区石川町1丁目
3. 茶そば処　楓庵
   東京都港区赤坂3丁目
4. 寿司勇
   東京都港区西麻布1丁目
5. 和泉鮨本店
   東京都渋谷区桜丘町16　設計：桂建築計画工房
6. 鉄板焼　天 六本木店
   東京都港区六本木7丁目
7. しゃぶしゃぶ　だるま
   東京都港区麻布十番2丁目
8. へぎそば・旨酒 匠
   東京都渋谷区道玄坂2丁目
9. 茶そば　麻布永坂 更科本店
   東京都港区麻布十番1丁目
10. かんないすし処　駒
    横浜市中区相生町5丁目

1. Soba restaurant Akasaka CHOJUAN
   Akasaka, Tokyo
2. Soba restaurant KINOME
   Ishikawa-cho, Yokohama
3. Tea soba restaurant KAEDE-AN
   Akasaka, Tokyo
4. Sushi bar SUSHIYU
   Nishi-azabu, Tokyo
5. Sushi bar IZUMIZUSHI Main shop
   Shibuya, Tokyo
   Design : Katsura Architectural Planning Office
6. Teppan-yaki restaurant TEN Roppongi
   Roppongi, Tokyo
7. Shabu shabu restaurant DARUMA
   Azabu-juban, Tokyo
8. Hegi-soba restaurant TAKUMI
   Shibuya, Tokyo
9. Tea soba restaurant Azabu-nagasaka SARASHINA
   Azabu-juban, Tokyo
10. Sushi bar KOMA
    Kannai, Yokohama

Japanese specialty Restaurant signs

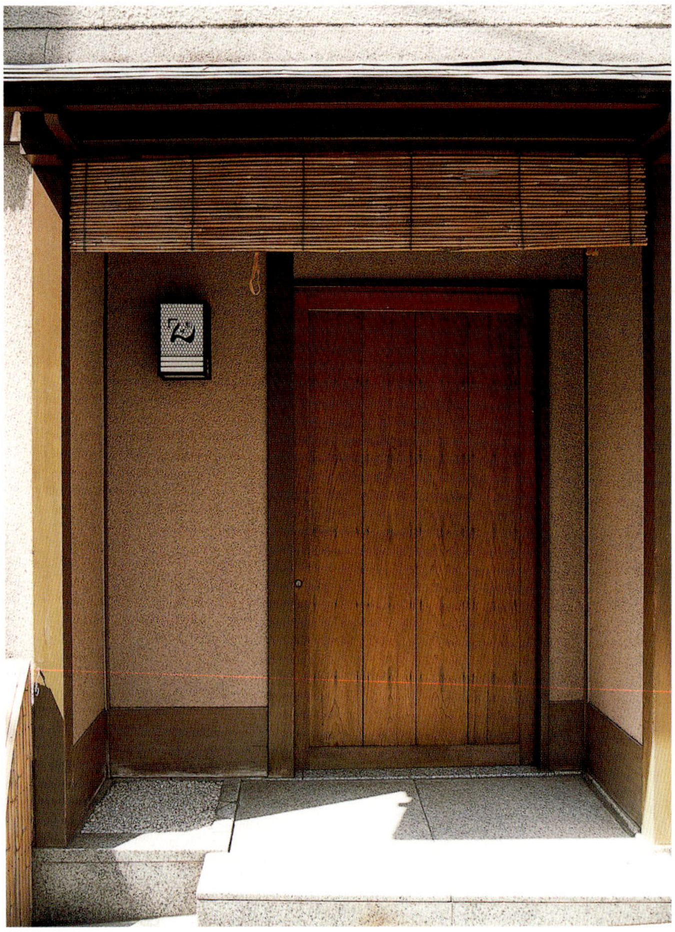

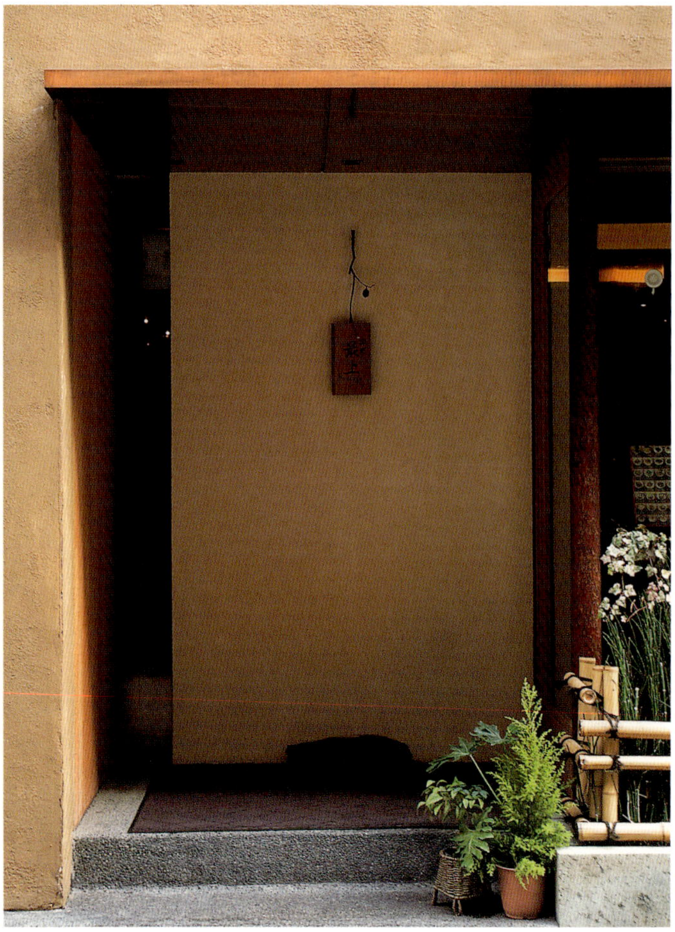

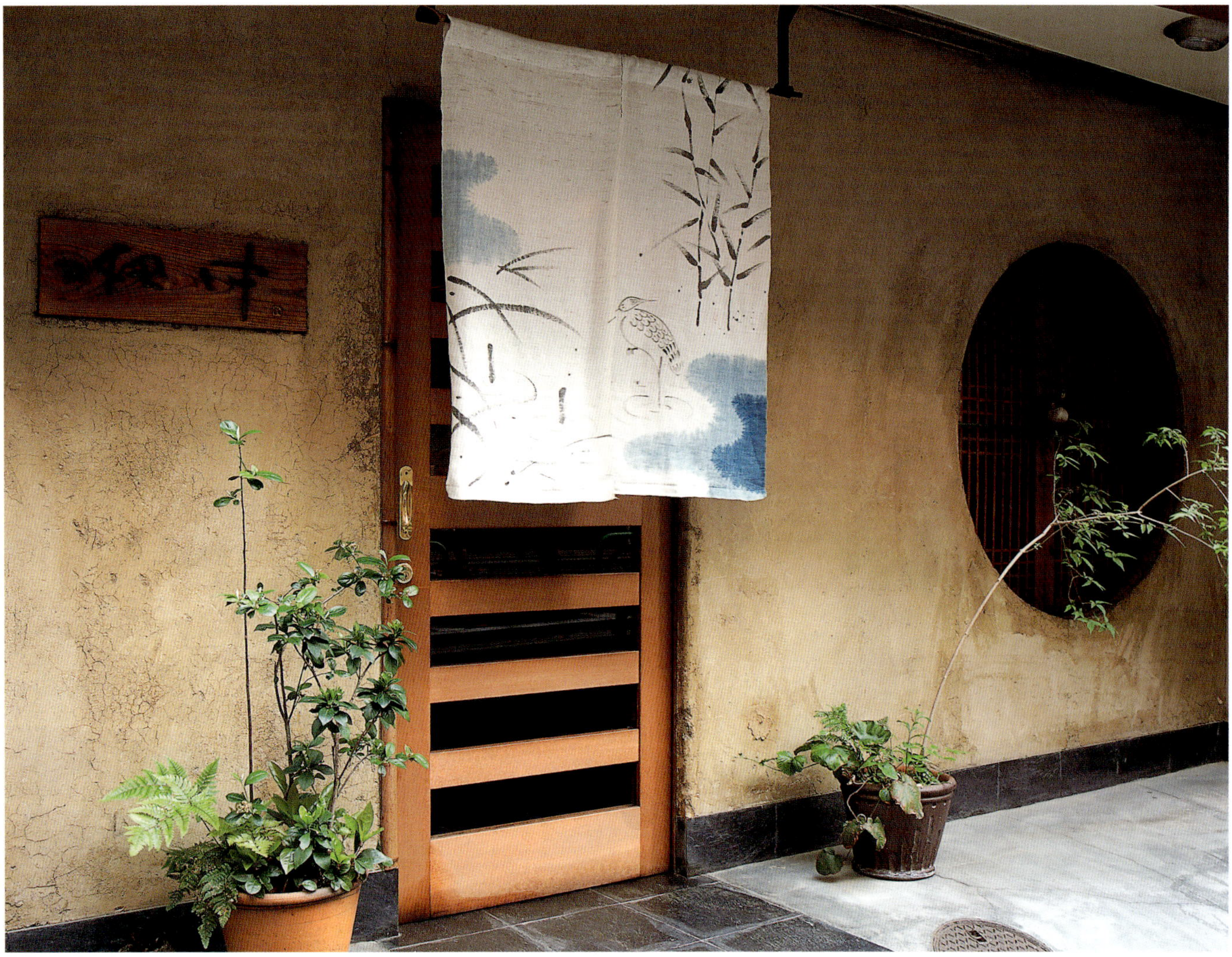

Japanese specialty Restaurant signs

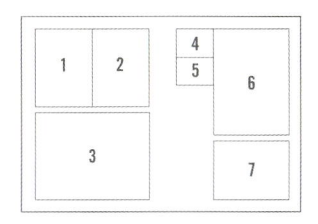

1. 鮨けん
   東京都港区六本木5丁目
2. 串処　最上 赤坂店
   東京都港区赤坂3丁目
3. てんぷら　畑中
   東京都港区麻布十番2丁目
4. ひまわり寿司 新都心店
   東京都新宿区西新宿1丁目
5. 天富良　天一 青山店
   東京都港区北青山2丁目
6. おそば　神宮前 増田屋＆古道
   東京都港区南青山3丁目
7. 浅草むぎとろ 赤坂店
   東京都港区赤坂2丁目

1. Sushi bar SUSHIKEN
   Roppongi, Tokyo
2. Kushi dish MOGAMI Akasaka
   Akasaka, Tokyo
3. Tempura restaurant HATANAKA
   Azabu-juban, Tokyo
4. Sushi bar HIMAWARI-ZUSHI
   Shinjuku new metropolis
   Shinjuku, Tokyo
5. Tempura restaurant TEN-ICHI Aoyama
   Aoyama, Tokyo
6. Soba restaurant Jingu-mae MASUDAYA
   Aoyama, Tokyo
7. Mugitoro dish Asakusa MUGITORO Akasaka
   Akasaka, Tokyo

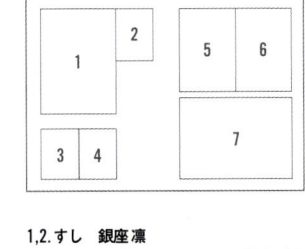

1,2. すし　銀座 凜
　　 東京都中央区銀座1丁目　設計：兼城祐作十造形集団
3. 炉端豚ダイニング　炉ぶた屋
　　 東京都豊島区南池袋1丁目　設計：兼城祐作十造形集団
4. 牛たん・麦とろ・もつ鍋　むぎたん 銀座店
　　 東京都中央区銀座5丁目
5. ふぐ料理　とらふぐ亭銀座9丁目店
　　 東京都港区新橋1丁目
6. くじら料理　元祖くじら屋
　　 東京都渋谷区道玄坂2丁目
7. しゃぶしゃぶ・すきやき　瀬里奈本店
　　 東京都港区六本木3丁目

1,2. Sushi bar Ginza RIN
　　 Ginza, Tokyo Design : Yusaku Kaneshiro
3. Japanese pork restaurant ROBUTAYA
　　 Ikebukuro, Tokyo
4. Tongue restaurant MUGITAN Ginza
　　 Ginza, Tokyo
5. Japanese fish restaurant
　　 TORAFUGU-TEI Ginza 9chome
　　 Ginza, Tokyo
6. Whale restaurant Ganso KUJIRAYA
　　 Shibuya, Tokyo
7. Shabu shabu restaurant SERYNA Main shop
　　 Roppongi, Tokyo

Japanese specialty Restaurant signs

とらふく亭

元祖 くじら屋
くじら料理

瀬里奈本店
SERYNA

1	2
3	4
5	

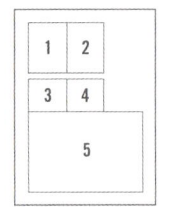

1. 恵比寿 大かつ鮨
   東京都渋谷区恵比寿西1丁目
2. 大阪鮨　八竹 (はちく)
   東京都渋谷区神宮前6丁目
3,5 地鶏・豆冨・鉄板焼　あかね家
   東京都新宿区西新宿7丁目
4. そば・炭火焼　松玄
   東京都港区麻布十番3丁目
   設計：高取空間計画　グラフィック：スタイルメント

1. **Sushi bar Ebisu DAIKATSU-ZUSHI**
   Ebisu, Tokyo
2. **Osaka-zushi HACHIKU**
   Jingu-mae, Tokyo
3,5 **Grilled chicken restaurant AKANEYA**
   Shinjuku, Tokyo
4. **Soba & grill restaurant MATSUGEN**
   Azabu-juban, Tokyo
   Design : Takatori Space Planning　Graphic : Stylement

SHOP SIGNS
CHAPTER 3

BOUTIQUES
FASHION SHOPS
SPECIALTY SHOPS

FRENCH CONNECTION

fcuk
FRENCH CONNECTION

Sybilla

anateliér

Boutique signs

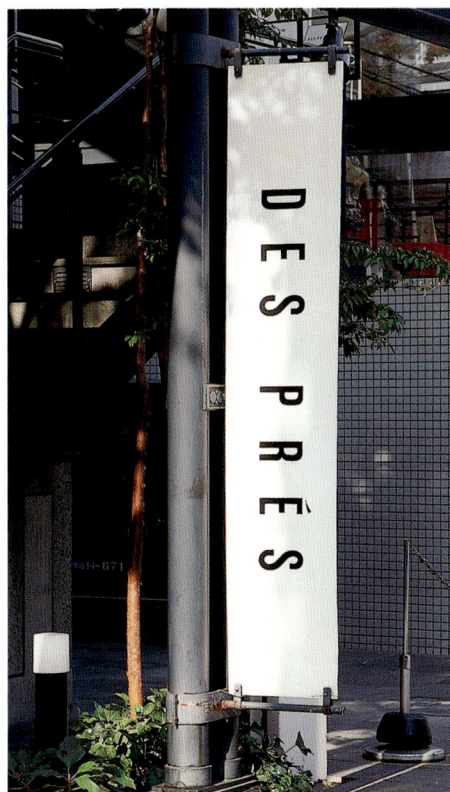

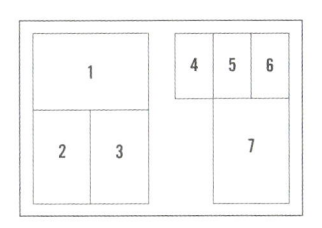

1	4	5	6

2	3	7

1. ブティック　フレンチコネクション
   東京都渋谷区神宮前4丁目
2. ブティック　シビラトウキョウ
   東京都港区南青山3丁目
   設計：シビラ＋イトキンプランニング
3. ブティック　アナトリエ神南店
   東京都渋谷区神南1丁目
4. ブティック＆カフェ　デプレ青山
   東京都港区南青山3丁目
5. ブティック　コリーヌ・サリュー
   東京都港区南青山3丁目
6. シャツブティック　ナラカミーチェ青山本店
   東京都港区南青山3丁目
7. ブティック　ロエベ銀座本店
   東京都中央区銀座7丁目

1. Boutique FRENCH CONNECTION
   Jingu-mae, Tokyo
2. Boutique SYBILLA Tokyo
   Aoyama, Tokyo
   Design : Sybilla+Itokin Planning
3. Boutique ANATELIÉR Jinnan
   Shibuya, Tokyo
4. Boutique & Cafe DES PRÉS
   Aoyama, Tokyo
5. Boutique CORINNE SARRUT
   Aoyama, Tokyo
6. SHIRT Boutique NARA CAMICIE Aoyama main shop
   Aoyama, Tokyo
7. Boutique LOEWE Ginza main shop
   Ginza, Tokyo

1. ブティック　クストバルセロナ
   東京都港区南青山3丁目　設計：アウトデザイン
2,3 ブティック　サリー・スコット
   東京都中央区銀座1丁目
4. ブティック　ドゥズィエムクラス青山店
   東京都港区南青山5丁目
5. メンズブティック　291295 オム
   東京都渋谷区神宮前6丁目
   設計：河崎和浩デザインスタジオ

1. Boutique CUSTO BARCELONA
   Aoyama, Tokyo Design : Out Design
2,3 Boutique SALLY SCOTT
   Ginza, Tokyo
4. Boutique DEUXIÈME CLASSE Aoyama
   Aoyama, Tokyo
5. Men's Boutique 291295 HOMME
   Jingu-mae, Tokyo
   Design : Kawasaki Kazuhiro Design Studio

Boutique signs

INHALE
+
EXHALE
TAILOR MADE SUIT
¥38,000~¥98,000
SHIRT
¥4,800 ¥5,800 ¥6,800 ¥8,500
NECK-TIE
¥4,900 ¥5,800

+Sc
the
shirt
company

OZONE ROCKS

OZONE
ROCKS

STRASBURGO
STRAS
BURGO
↑
UP STAIRS
STRAS
BURGO
UP STAIRS

RAPTURE

decade

Boutique signs

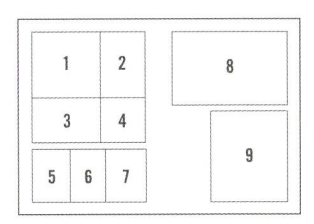

1	2	8
3	4	
5	6	7	9

1. メンズブティック　インヘイル＋エクスヘイル南青山店
   東京都港区南青山5丁目
   設計：文田昭仁デザインオフィス

2. シャツブティック　ザシャツ カンパニー北青山店
   東京都港区北青山3丁目

3,4 メンズブティック　オゾンロックス
   東京都渋谷区神南1丁目

5. セレクトブティック　ストラスブルゴ南青山店
   東京都港区南青山4丁目

6. メンズブティック　ラプチャー
   東京都渋谷区神南1丁目

7,9.メンズブティック　ディケード
   東京都港区南青山5丁目

8. メンズブティック　アンカットバウンド
   東京都新宿区新宿4丁目

1. Men's boutique INHALE + EXHALE Minami-aoyama
   Aoyama, Tokyo
   Design : Fumita Akihito Design Office

2. Shirt boutique THE SHIRT COMPANY Kita-aoyama
   Aoyama, Tokyo

3,4 Men's boutique OZONE ROCKS
   Shibuya, Tokyo

5. Select boutique STRAS BURGO Minami-aoyama
   Aoyama, Tokyo

6. Men's boutique RAPTURE
   Shibuya, Tokyo

7,9.Men's boutique DECADE
   Aoyama, Tokyo

8. Men's boutique UNCUT BOUND
   Shinjuku, Tokyo

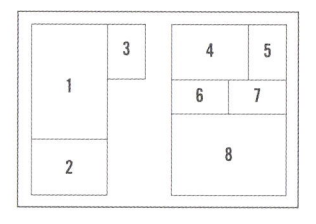

1. ブティック　アクアガール 銀座店
   東京都中央区銀座3丁目
2. ブティック　ピカケ恵比寿店
   東京都渋谷区恵比寿1丁目
3. ブティック　デイジー
   東京都渋谷区神南1丁目
4. ブティック　ユナイテッドアローズ 新宿店
   東京都新宿区西新宿1丁目
5. ブティック　ディーオー
   東京都渋谷区神南1丁目
6. ブティック　H.A.K
   東京都渋谷区猿楽町4
7. ブティック　カレ 原宿本店
   東京都渋谷区神宮前4丁目
   設計：カシワギ・スイ・アソシエイツ
8. ブティック　ルスークプリ 渋谷路面店
   東京都渋谷区神南1丁目　設計：ア・ファクトリー

1. **Boutique AQUA GIRL Ginza**
   Ginza, Tokyo
2. **Boutique PIKAKE Ebisu**
   Ebisu, Tokyo
3. **Boutique DAISY**
   Shibuya, Tokyo
4. **Boutique UNITED ARROWS Shinjuku**
   Shinjuku, Tokyo
5. **Boutique D.O**
   Shibuya, Tokyo
6. **Boutique H.A.K**
   Daikanyama, Tokyo
7. **Boutique CALLE Harajuku main shop**
   Jingu-mae, Tokyo　Design : Kashiwagi Sui Associates
8. **Boutique LE SOUK PRIX Shibuya**
   Shibuya, Tokyo　Design : A Factory

Boutique signs

tabloid

LAD MUSICIAN

GLOBAL WORK

ARTISAN

Boutique signs

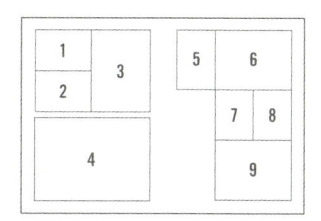

1. ブティック　タブロイド代官山
   東京都渋谷区代官山町8
2. Tシャツ　ラッドミュージシャン
   東京都渋谷区神宮前4丁目
3. ブティック　グローバルワーク
   東京都渋谷区代官山町20
4. ブティック　アルチザン銀座店
   東京都中央区銀座2丁目
5. ニットギャラリー　アマルフィー赤坂店
   東京都港区赤坂3丁目
6. ブティック　クリツィア銀座店
   東京都中央区銀座7丁目
7. ブティック　ダブルアール青山店
   東京都港区北青山3丁目
8. ストリートファッション　ディクト
   東京都渋谷区代官山町7
9. クチュール　ナオコ
   東京都中央区銀座1丁目

1. Boutique TABLOID Daikanyama
   Daikanyama, Tokyo
2. T-shirt LAD MUSICIAN
   Jingu-mae, Tokyo
3. Boutique GLOBAL WORK
   Daikanyama, Tokyo
4. Boutique ARTISAN Ginza
   Ginza, Tokyo
5. Knit Gallary AMARPHIE Akasaka
   Akasaka, Tokyo
6. Boutique KRIZIA Ginza
   Ginza, Tokyo
7. Boutique WR
   Aoyama, Tokyo
8. Street Fashion DICT
   Daikanyama, Tokyo
9. Couture NAOCO
   Ginza, Tokyo

1	3	4	5	
		6	7	8
2		9		

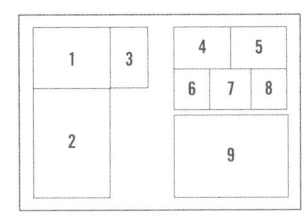

1. メンズ　ブルックスブラザーズ青山本店
   東京都港区北青山3丁目
2. ブティック　ジュンアシダ 本店
   東京都渋谷区猿楽町17
3. ブティック　45rpm＆南青山店
   東京都港区南青山4丁目
4. メンズブティック　アルバローザ
   東京都渋谷区神宮前6丁目
5. ブティック　コフレミユ
   東京都渋谷区神宮前6丁目
6. ブティック　コモンルージュ
   東京都渋谷区渋谷6丁目
7. ブティック　オールドバイニュー
   東京都渋谷区代官山20
8,9 ブティック＆カフェ　空代官山
   東京都渋谷区猿楽町27

1. Men's boutique BROOKS BROTHERS Aoyama Main shop
   Aoyama, Tokyo
2. Boutique JUN ASHIDA Main shop
   Daikanyama, Tokyo
3. Boutique 45 rpm & Minami-aoyama
   Aoyama, Tokyo
4. Men's boutique ALBA ROSA
   Jingu-mae, Tokyo
5. Boutique COFFREMIEUX
   Jingu-mae, Tokyo
6. Boutique COMMON ROUGE
   Shibuya, Tokyo
7. Boutique OLD BY NEW
   Daikanyama, Tokyo
8,9 Boutique & Cafe KÛ
   Daikanyama, Tokyo

Boutique signs

ALBA ROSA

coffremieux

BPN
BLACK PEACE NEW

COMMON ROUGE

OLD by NEW

Kū

107

108

Boutique signs

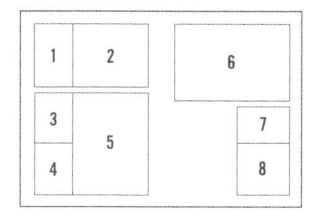

1	2	6	
3	5	7	
4		8	

1. ブティック　スティールズ
   東京都渋谷区代官山町8
2. ブティック　スタイル8ラボ代官山店
   東京都渋谷区代官山町18
3. セレクトブティック　コレクション
   東京都渋谷区神南1丁目
4. ブティック　ナノ ユニバース グランドフロア
   東京都渋谷区神南1丁目
5. ブティック　スーパーハッカ代官山
   東京都渋谷区猿楽町2
6. ブティック　コズモラマ
   東京都渋谷区恵比寿西2丁目
7. クチュール　アトリエ ドイ
   東京都渋谷区代官山町3
8. ブティック　ピルヴィ
   東京都渋谷区代官山町14

1. Boutique STEALZ Daikanyama
   Daikanyama, Tokyo
2. Select boutique STYLE8LAB Daikanyama
   Daikanyama, Tokyo
3. Select boutique COLLECTION
   Shibuya, Tokyo
4. Boutique NANO UNIVERSE Grand Floor
   Shibuya, Tokyo
5. Boutique SUPER HAKKA Daikanyama
   Daikanyama, Tokyo
6. Boutique COSMORAMA
   Ebisu, Tokyo
7. Boutique Atelier DOI
   Daikanyama, Tokyo
8. Boutique PILVI
   Daikanyama, Tokyo

路地まがる

Best Choice
cloth & vintage & shoes
K·G·B
STORE
2nd Floor
Hours
12:00~20:00
Open
Everyday

Rock Steady Crew
2F

Candy
Famous Brands Boutique
SECOM
HERMES
Cartier

USED
CLOTHING
WWW.WEGO.JP

Blue Rose
OPEN

Casual boutique signs

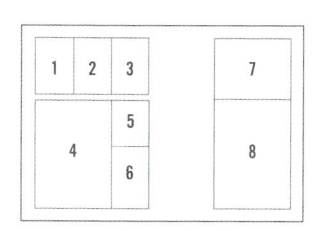

1	2	3	7
4		5	8
		6	

1. アオザイブティック　ティルタ ガンガ
   東京都渋谷区恵比寿南1丁目
2. ユーズドクロッシング　K.G.B ストア
   東京都渋谷区神南1丁目
3. ストリートファッション　ロック スタディー クルー
   東京都渋谷区神南1丁目
4. リサイクルブランドショップ　キャンディ
   東京都港区南青山2丁目
5. ユーズドクロッシング　WWW.WE GO. JP 原宿
   東京都渋谷区神宮前6丁目
6. インポートリサイクルブランド　ブルーローズ
   横浜市中区石川町1丁目
7. カジュアルウエア
   ユニクロ キヨスク新宿駅新南口店
   東京都渋谷区千駄ヶ谷5丁目
8. ジーンズ　リーバイスストア渋谷パルコ店
   東京都渋谷区宇田川町3

1. **Aodai boutique TIRTA GANGA**
   Ebisu, Tokyo
2. **Used Clothing K.G.B Store**
   Shibuya, Tokyo
3. **Street Fashion ROCK STEADY CREW**
   Shibuya, Tokyo
4. **Used Brand-clothing CANDY**
   Aoyama, Tokyo
5. **Used Clothing WWW.WE GO. JP Harajuku**
   Jingu-mae, Tokyo
6. **Used Brand-clothing BLUE ROSE**
   Ishikawa-cho, Yokohama
7. **Casual Clothing UNIQLO Shinjuku station kiosk**
   Shibuya, Tokyo
8. **Jeans LEVI'S Store Shibuya Parco**
   Shibuya, Tokyo

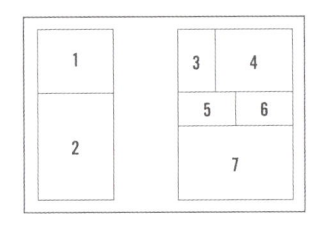

1. シューズ バックウッズバロー
   東京都渋谷区神南1丁目
2. シューズ ダズリング
   東京都渋谷区恵比寿西1丁目
   設計：武松幸治＋E.P.A.　グラフィック：フレーム
3. コスメティック アヴェダ ライフスタイルサロン＆スパ
   東京都港区南青山5丁目
4. インポートランジェリー ラ・セッテ
   東京都港区北青山3丁目
5. オリジナルジュエリー IBA
   東京都港区南青山4丁目
6. シューズ シューバー 渋谷店
   東京都渋谷区神南1丁目
7. ファッション雑貨 オペーク ギンザ
   東京都中央区銀座3丁目
   設計：妹島和世建築設計事務所

1. **Shoe store BACK WOODS BOR.**
   Shibuya, Tokyo
2. **Shoe store DAZZLING**
   Ebisu, Tokyo
   Design : Koji Takematsu Graphic : Frame
3. **Cosmetics AVEDA Life style salon & Spa**
   Aoyama. Tokyo
4. **Import lingerie LA SETTE**
   Aoyama, Tokyo
5. **Original Jewelry IBA**
   Aoyama, Tokyo
6. **Shoe store SHOE BAR**
   Shibuya, Tokyo
7. **Fashion goods OPAQUE Ginza**
   Ginza, Tokyo Design : Kazuyo Sejima

Fashion specialty shop signs

HARVEST
DAIKANYAMA
Che Che
New York
HARVEST
DAIKANYAMA

kate spade
NEW YORK

HUNTING WORLD
HUNTING WORLD®

ÂGE
VERT

HOSONO
SINCE 1912
工房 HOSONO
OPEN 10:00-20:00
CLOSED WEDNESDAY

Fashion specialty shop signs

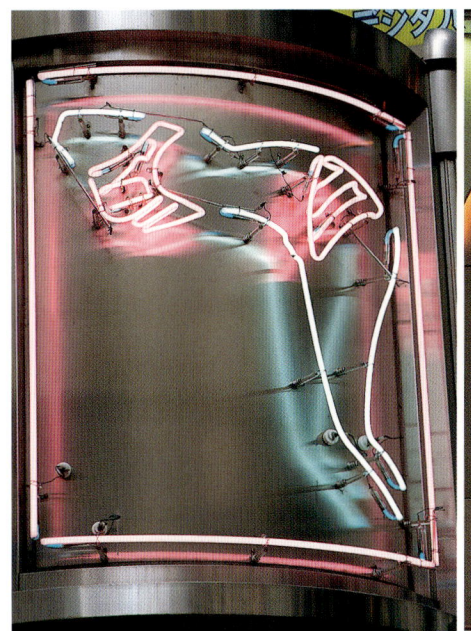

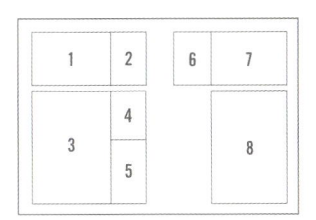

1	2	6	7
3	4		8
	5		

1. バッグ　ハーヴェスト代官山店
   東京都渋谷区恵比寿西1丁目
2. バッグ　ケイト・スペード渋谷店
   東京都渋谷区神南1丁目
3. バッグ　ハンティングワールド青山店
   東京都港区南青山5丁目
4. アクセサリー　アージェ ヴェール青山本店
   東京都渋谷区渋谷2丁目
5. 帆布バッグ工房　ほその
   東京都渋谷区渋谷1丁目
6. ランジェリー　パールピンク-2
   東京都新宿区新宿3丁目
7. ランジェリー　ヴァリゼール青山店
   東京都港区北青山3丁目
8. ランジェリー＆コスチューム　ヴィーナスキャビネット
   東京都港区六本木5丁目

1. **Bag shop HARVEST Daikanyama**
   Daikanyama, Tokyo
2. **Bag shop KATE SPADE N.Y. Shibuya**
   Shibuya, Tokyo
3. **Bag shop HUNTING WORLD Aoyama**
   Aoyama, Tokyo
4. **Accessories ÂGE VERT Aoyama main shop**
   Aoyama, Tokyo
5. **Bag Shop HOSONO Studio**
   Shibuya, Tokyo
6. **Lingerie Shop PEARL PINK-2**
   Shinjuku, Tokyo
7. **Lingerie Shop VALISERE Aoyama**
   Aoyama, Tokyo
8. **Lingerie & Costume Shop VENUS CABINET**
   Roppongi, Tokyo

115

LOUIS VUITTON

TIFFANY & CO.
TIFFANY & CO.

K.uno
ケイ・ウノ
JEWELRY

Clio
blue
PARIS

Star

Fashion specialty shop signs

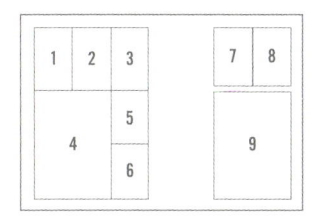

1	2	3		7	8
4		5		9	
		6			

1. バッグ＆シューズ　ルイ ヴィトン 三越新宿店
   東京都新宿区新宿3丁目
2. 貴金属　ティファニー 三越新宿店
   東京都新宿区新宿3丁目
3. アクセサリー　シンジ
   東京都港区南青山5丁目
4. オーダーメイドジュエリー　ケイ・ウノ 銀座店
   東京都中央区銀座2丁目
5. 宝石・時計　クリオ ブルー 青山
   東京都港区南青山5丁目
6. スタージュエリー元町本店アネックス
   横浜市中区元町1丁目
7. 宝飾品　FMB
   東京都渋谷区恵比寿南2丁目
8. カスタムジュエリー　ビージェイ青山店
   東京都港区北青山3丁目
9. 宝石・アクセサリー　4℃銀座店
   東京都中央区銀座2丁目　設計：ソアーズ

1. Bag & Shoes LOUIS VUITTON Mitsukoshi shinjuku
   Shinjuku, Tokyo
2. Jewelry Shop TIFFANY & CO Mitsukoshi shinjuku
   Shinjuku, Tokyo
3. Accessories SHINJI
   Aoyama, Tokyo
4. Order made jewelry K.UNO Ginza
   Ginza, Tokyo
5. Jewelry & Watch CLIO BLUE Aoyama
   Aoyama, Tokyo
6. STAR Jewelry Motomachi Main shop Annex
   Motomachi, Yokohama
7. Jewelry Shop FMB
   Ebisu, Tokyo
8. Custom jewelry BEJ Aoyama
   Aoyama, Tokyo
9. Jewelry & accessories 4℃ Ginza
   Ginza, Tokyo Design : Soaz

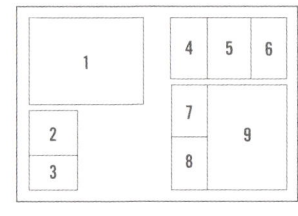

1. 宝石　ダミアーニ ブティック
   東京都中央区銀座6丁目
2. ギンザ ダイアモンド シライシ 銀座店
   東京都中央区銀座2丁目
3. ネイティブアメリカンアート＆ジュエリー
   ゴッド トレーディング
   東京都渋谷区恵比寿西2丁目
4. ウオッチ＆アクセサリー by hir◎B
   東京都渋谷区神南1丁目
5. オプティカル　グロス
   東京都港区南青山5丁目
   設計：近藤康夫デザイン事務所
6. めがね　ますなが1905
   東京都港区北青山2丁目
7. 時計・宝石　ベスト
   東京都新宿区新宿3丁目
8. オプティカルテイラー　クレイドル
   東京都港区南青山5丁目
9. メガネ　スタイル リベロ
   東京都渋谷区神南1丁目

1. Jewelry Shop DAMIANI Boutique
   Ginza, Tokyo
2. Ginza DIAMOND SHIRAISHI
   Ginza, Tokyo
3. Native american art & jewelry
   GOD TRADING
   Ebisu, Tokyo
4. Watch & ACC. by HIR◎B
   Shibuya, Tokyo
5. Optical shop GLOSS
   Aoyama, Tokyo Design : Yasuo Kondo
6. Optical shop MASUNAGA 1905
   Aoyama, Tokyo
7. Watch & Jewelry BEST
   Shinjuku, Tokyo
8. Optical tailor CRADLE
   Aoyama, Tokyo
9. Optical shop STILE LIBERO
   Shibuya, Tokyo

Fashion specialty shop signs

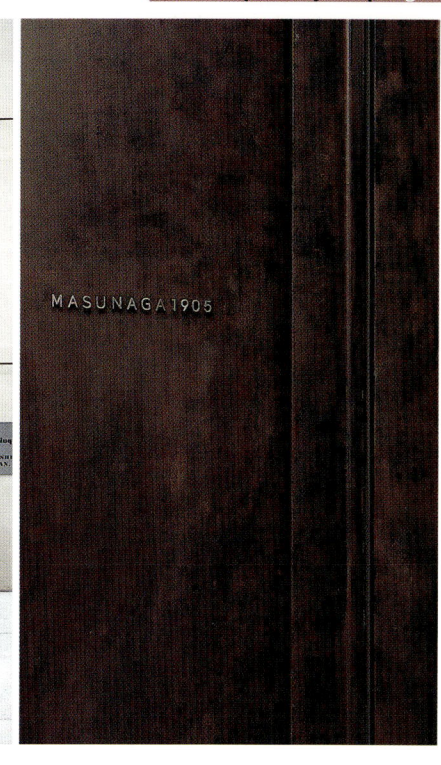

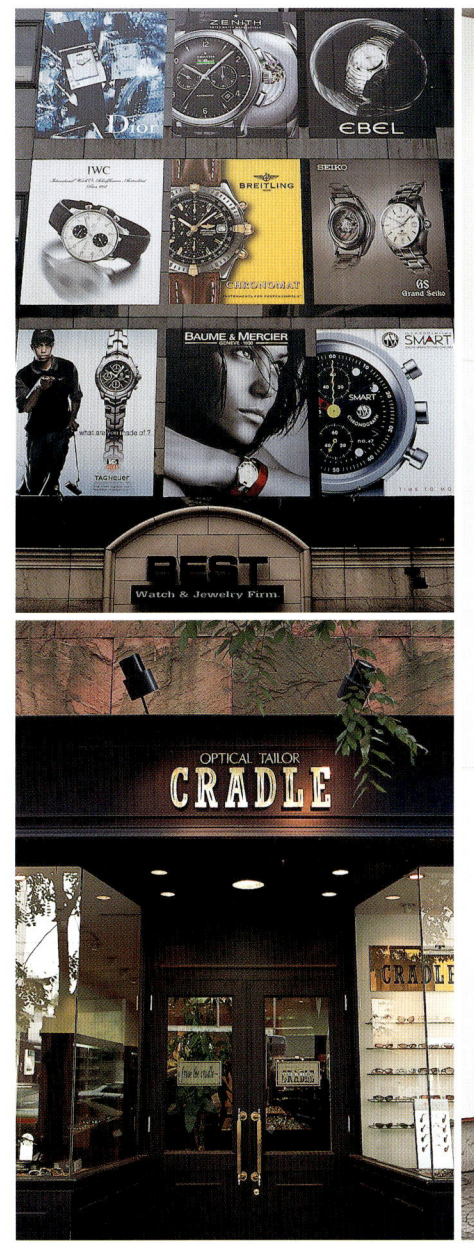

Fabulous watches coming from Isola D'ELBA

LOCMAN

ITALY
Diamond Aluminum

Fashion specialty shop signs

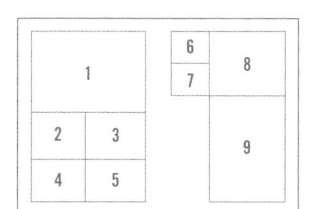

1,2. ウオッチ　ロックマン
　　 東京都中央区銀座5丁目
3. ウオッチ　ドーズナガタ
　　東京都港区南青山2丁目
　　設計：オジデザインワークス
4. シルバーアクセサリー　マルス
　　東京都渋谷区恵比寿西1丁目
5. メガネ　アボーロ
　　東京都渋谷区猿楽町4
6. メガネ　999.9 渋谷店
　　東京都渋谷区神南1丁目
7. ウオッチ　デマゴーグ
　　東京都渋谷区猿楽町1
8. ジュエリー　シルバー オオノ
　　横浜市中区元町4丁目
9. ウオッチ　パテック Philippe
　　東京都港区南青山5丁目

1,2. Watch shop LOCMAN
　　 Ginza, Tokyo
3. Watch shop DOUZE NAGATA
　　Aoyama, Tokyo
4. Silver Accessory MARS
　　Ebisu, Tokyo
5. Optical shop ABOLO
　　Daikanyama, Tokyo
6. Optical shop 999.9 Shibuya
　　Shibuya, Tokyo
7. Watch shop DEMAGOGUE
　　Daikanyama, Tokyo
8. Jewelry shop SILVER OHNO
　　Motomachi, Yokohama
9. Watch PATEK PHILIPPE
　　Aoyama, Tokyo

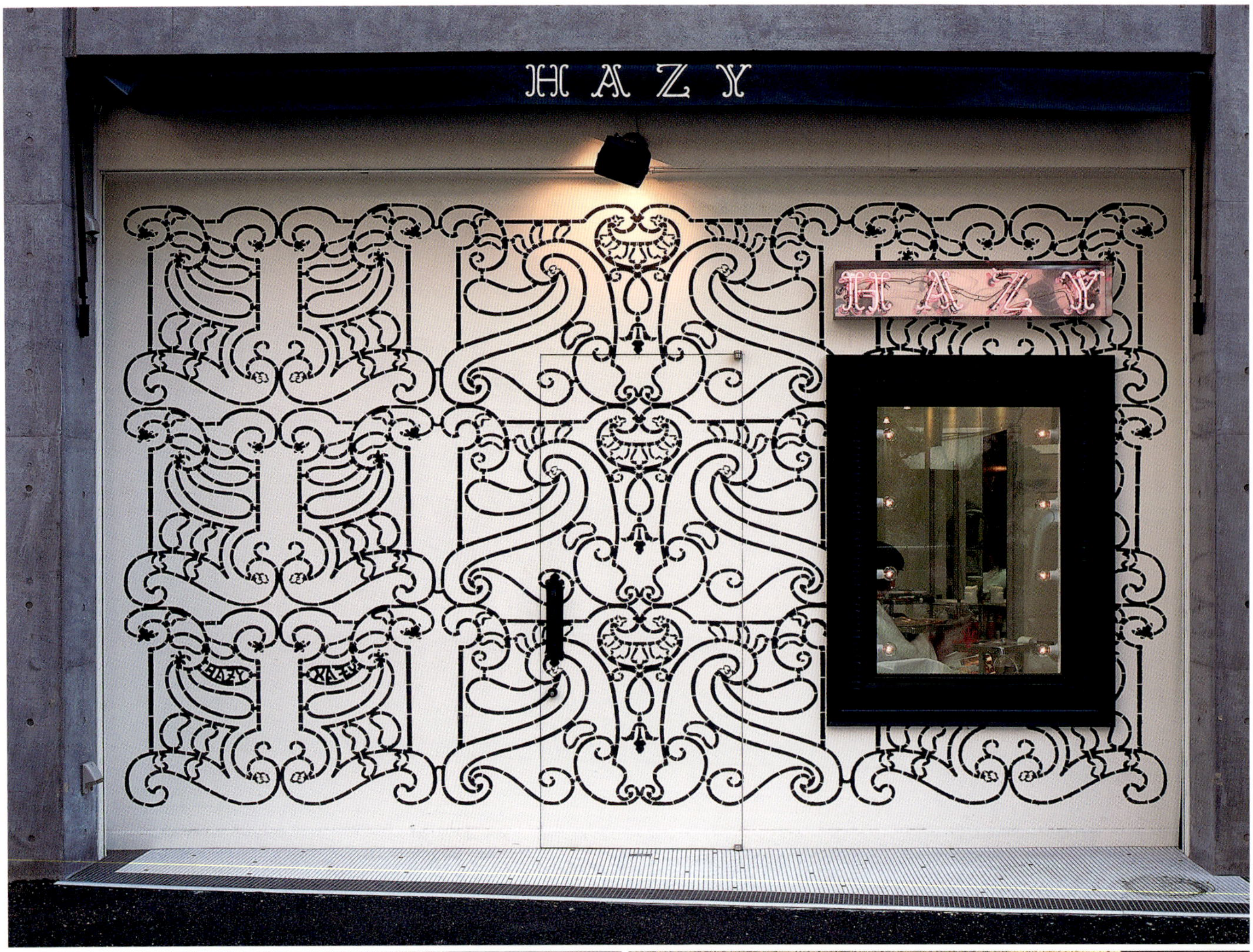
H A Z Y
H A Z Y

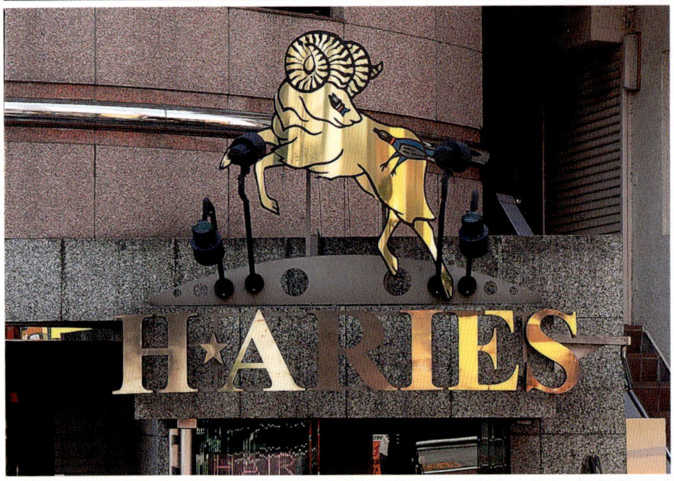
H★ARIES

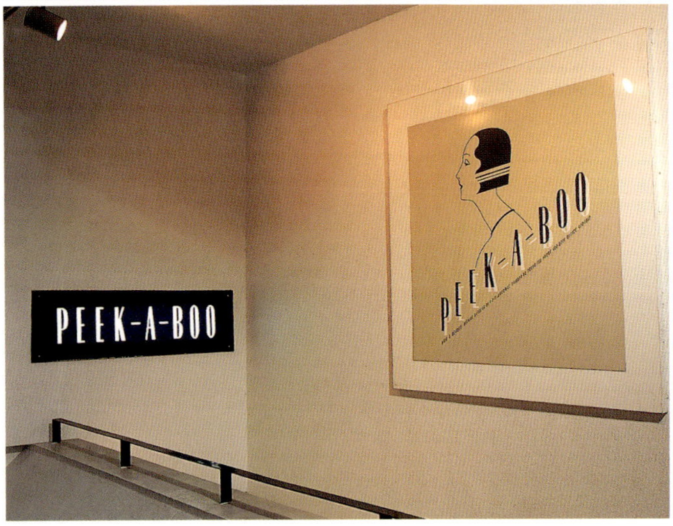
PEEK-A-BOO
PEEK-A-BOO

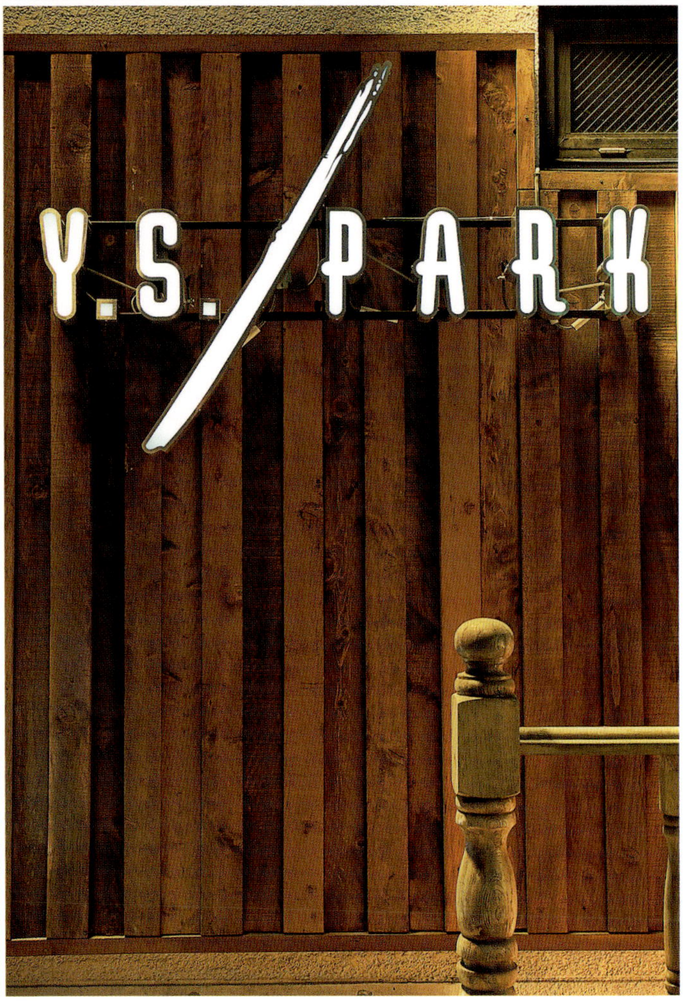
Y.S./PARK

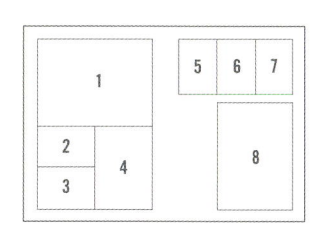

Beauty salon signs

1. 美容室　ヘイジー
東京都渋谷区恵比寿4丁目
設計・施工：タマダダイジロウ
ロゴ：ピクトサーカス　外壁ステンシル：白井妙子
2. 美容室　ハリエス
東京都港区六本木6丁目
3. ヘアサロン　ピークアブー表参道店
東京都渋谷区神宮前4丁目
4. ヘアサロン　ワイエスパーク表参道店
東京都渋谷区神宮前4丁目
5. ヘア＆メーク　ソル
東京都渋谷区神宮前5丁目
サンクンガーデンの置きサイン
6. ヘアサロン　ディーディー
東京都渋谷区神宮前4丁目
アプローチ階段のためのゲートサイン
7. 美容室　イマイ
東京都渋谷区神宮前4丁目
8. ビューティーサロン　タカラ
東京都渋谷区代官山町8

1. Beauty salon HAZY
Jingu-mae, Tokyo　Design : Daijiro Tamada
Logo : Pict Circus　Stencil : Taeko Shirai
2. Beauty salon H★ARIES
Roppongi, Tokyo
3. Hair salon PEEK-A-BOO Omotesando
Jingu-mae, Tokyo
4. Hair salon Y.S.PARK Omotesando
Jingu-mae, Tokyo
5. Hair & Make SOL
Jingu-mae, Tokyo
6. Hair salon D.D.
Jingu-mae, Tokyo
7. Beauty salon IMAI
Jingu-mae, Tokyo
8. Beauty salon TAKARA
Daikanyama, Tokyo

1	2		6	7
3	4	5	8	

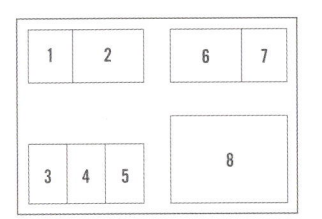

1. **美容室　ノウティーヘア ダブ 代官山**
   東京都渋谷区猿楽町28
2. **美容室　ヘアー オブ ジ エアー フロー**
   東京都渋谷区渋谷1丁目
   設計：フライング・エレファント
   グラフィック：想像工学研究所　ヤス
3. **美容室　モッズヘア プリヴィレージュ店**
   東京都港区南青山3丁目
4. **ヘアワークス　フラムリングス**
   東京都港区南青山1丁目
5. **美容室　フェイズ**
   東京都港区南青山3丁目
   厚い鉄板を立て掛けただけのサイン
6. **美容室　クレージュ サロンボーテ青山店**
   東京都港区南青山5丁目
7. **美容室　パークストリート 渋谷店**
   東京都渋谷区神南1丁目
8. **美容室　サロン ドット 青山店**
   東京都港区南青山5丁目

1. **Beauty salon NAUGHTY HAIR DAB Daikanyama**
   Daikanyama, Tokyo
2. **Beauty salon HAIR OF THE AIR FLOW**
   Shibuya, Tokyo Design : Flying Elephant
   Graphic : Sozou Kougaku Kenkyusho Yasu
3. **Beauty salon MOD'S HAIR Privilége**
   Aoyama, Tokyo
4. **Beauty salon HAIR WORKS FRAMLINGS**
   Aoyama, Tokyo
5. **Beauty salon PHASE**
   Aoyama, Tokyo
6. **Beauty salons COURRÈGES Salon beauté Aoyama**
   Aoyama, Tokyo
7. **Beauty salon PARK STREET Shibuya**
   Shibuya, Tokyo
8. **Beauty salons D'HÔTES Aoyama**
   Aoyama, Tokyo

Beauty salon signs

afloat

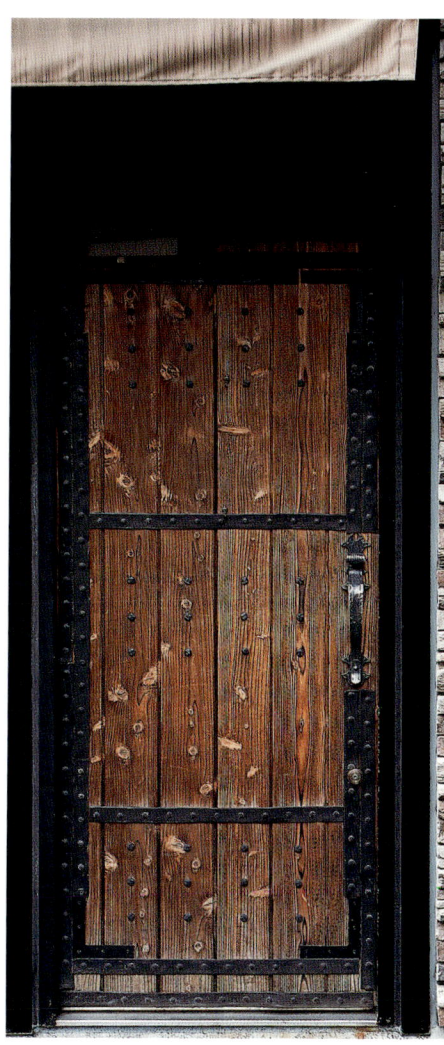

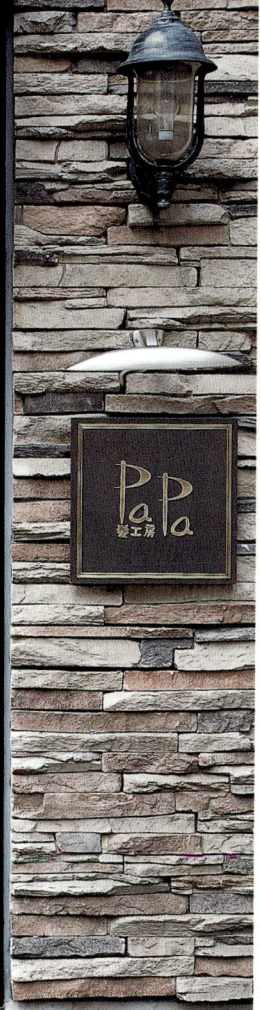

Beauty salon signs

1,2. 美容室　アフロート
　　東京都港区南青山5丁目
　　設計：飯島直樹設計室
　　グラフィック：ユナイテッドアピック

3. トータルビューティーサロン　ビューテジオ青山
　　東京都港区北青山2丁目　設計：サンライズジャパン

4. ヘアメーク　トレフル
　　東京都港区南青山5丁目

5. ヘアサロン　髪工房パパ
　　東京都渋谷区恵比寿1丁目

6. 美容室　アンクヘアインターナショナル
　　東京都港区南青山4丁目

7. 美容室　プレイスインザサンウッド
　　東京都渋谷区神宮前5丁目
　　スタッフの手づくりによる置きサイン

8. エステ　メディリラボ
　　東京都渋谷区渋谷2丁目

1,2. Beauty salon AFLOAT
　　Aoyama, Tokyo
　　Design : Iijima Naoki Design room　Graphic : United Apic

3. Beauty salon BEAUTEDIO Aoyama
　　Aoyama, Tokyo　Design : Sunrise Japan

4. Hair make TRÈFLE
　　Aoyama, Tokyo

5. Hair salon PAPA
　　Ebisu, Tokyo

6. Beauty salon ANK Hair International
　　Aoyama, Tokyo

7. Beauty salon PLACE IN THE SUN
　　Jingu-mae, Tokyo

8. Esthetic salon MEDIRI RAB
　　Shibuya, Tokyo

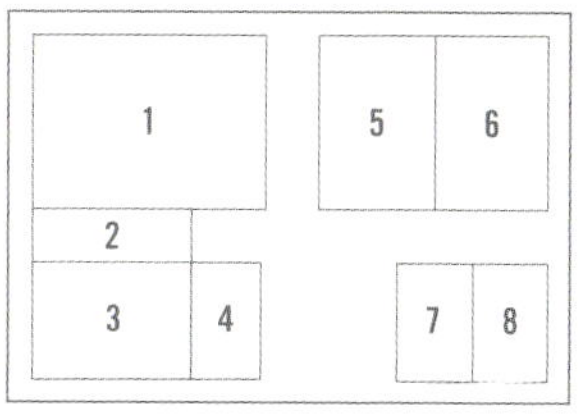

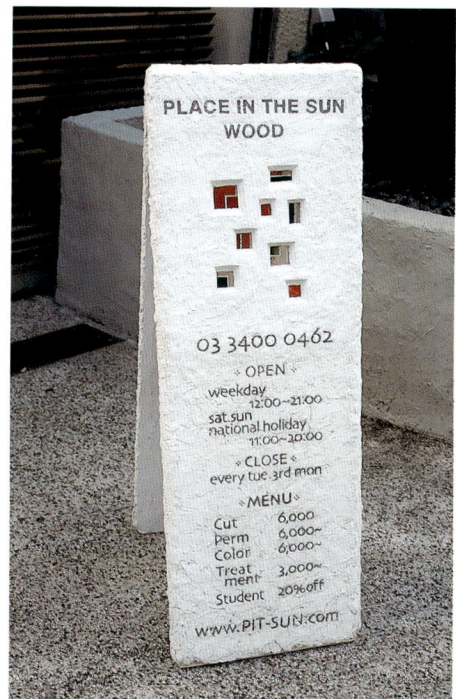

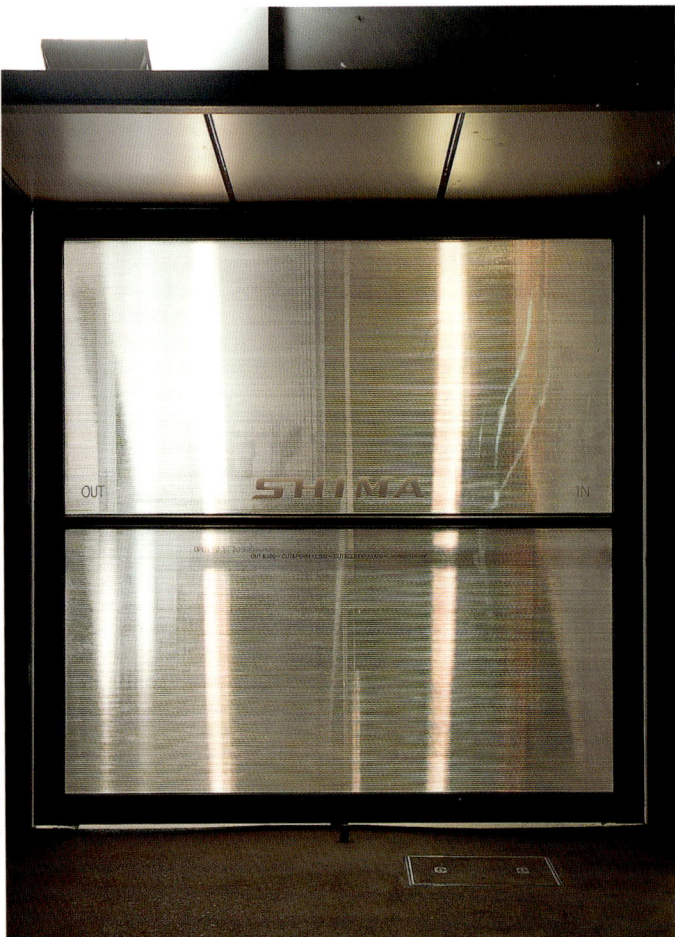

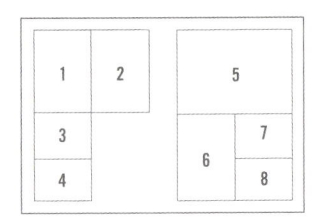

1,2. **美容室　シマ 青山店**
   東京都港区北青山3丁目　1.が昼の顔、2.が夜の顔
3. **美容室　K-プラス**
   東京都渋谷区神宮前4丁目
4. **美容室　ヘアプロデュースバタフライ**
   東京都渋谷区神宮前5丁目
5. **美容室　アンリミテッド**
   東京都渋谷区神宮前4丁目
6. **美容室　ラ・フォルマ**
   東京都港区南青山6丁目
7. **美容室　ブラオヴィーゼ渋谷店**
   東京都渋谷区宇田川町36
8. **美容室　マサ**
   東京都渋谷区神南1丁目

1,2. **Beauty salon SHIMA Aoyama**
   Aoyama, Tokyo
3. **Beauty salon K-PLUS**
   Jingu-mae, Tokyo
4. **Hair produce BUTTERFLY**
   Jingu-mae, Tokyo
5. **Beauty salon UNLIMITED**
   Jingu-mae, Tokyo
6. **Beauty salon LA FORMA**
   Aoyama, Tokyo
7. **Hair salon BLAUE WIESE**
   Shibuya, Tokyo
8. **Beauty salon MASA**
   Shibuya, Tokyo

Beauty salon signs

1	2	3
4		

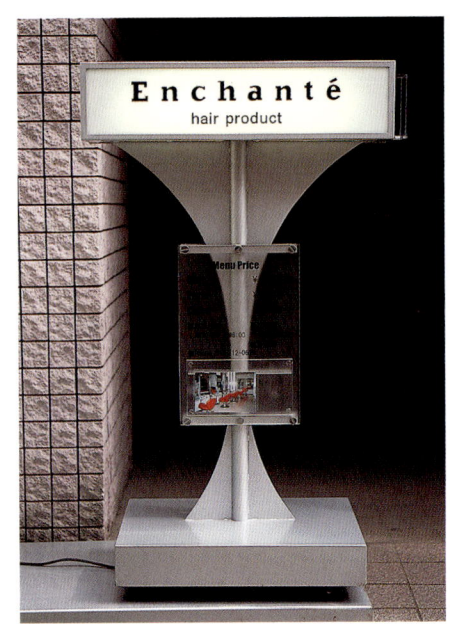

1. ヘアプロダクト　エンシャンテ
　　横浜市中区元町1丁目
2. ヘアサロン　マサトパリ
　　東京都港区南青山5丁目　設計：c.r.c.ほか
3. ヘアメーク　アージュ・ピコグラム
　　横浜市中区元町4丁目
4. 美容室　ピカソ
　　東京都渋谷区神宮前1丁目

1. Hair salon MASSATO Paris
　Aoyama, Tokyo　Design : c.r.c.
2. Hair product ENCHANTÉ
　Motomachi, Yokohama
3. Hair make ÀGE PICO GRAM
　Motomachi, Yokohama
4. Beauty salon PICASO
　Aoyama, Tokyo

Pottery & Folk craft shop signs

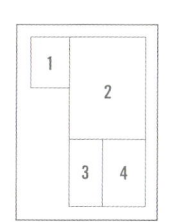

1. 陶器　いまむら
   東京都港区赤坂5丁目
2. 民芸品　優騎
   岐阜県飛騨市古川町
3. 有田焼　西肥堂本店 風花
   東京都渋谷区広尾5丁目
4. 食器　シンゾットショップ
   東京都渋谷区恵比寿西1丁目

1. Pottery shop IMAMURA
   Akasaka, Tokyo
2. Folk craft shop YUUKI
   Hida city, Gifu
3. Pottery shop FUUKA
   Hiroo, Tokyo
4. Tableware shop SHINZOT SHOP
   Ebisu, Tokyo

		3	4
1		5	7
2		6	

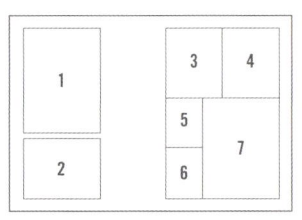

1. ファニチャー　アイデック 東京ショールーム
   東京都港区南青山2丁目　設計：インフィクス
2. 輸入美術工芸品　レイコレクション
   横浜市中区元町4丁目
3. インテリアショップ　スケノ 青山
   東京都港区南青山6丁目
4. 民芸美術品　アンリ クィール 青山本店
   東京都港区南青山6丁目
5. キャンドルハウス青山
   東京都港区北青山1丁目
6. クロコ アートファクトリー
   横浜市中区元町2丁目
7. バス　ジャクソン 南青山ショールーム
   東京都港区南青山5丁目

1. Furniture AIDEC Tokyo showroom
   Aoyama, Tokyo
2. Import arts & crafts LEI COLLECTION
   Motomachi, Yokohama
3. Interior shop SUKENO Aoyama
   Aoyama, Tokyo
4. Folk arts & crafts HENRY CUIR Aoyama main shop
   Aoyama, Tokyo
5. CANDLE HOUSE Aoyama
   Aoyama, Tokyo
6. CROCO ART FACTORY
   Motomachi, Yokohama
7. Bath JAXSON Minami-aoyama showroom
   Aoyama, Tokyo

Interior shop signs

FOR YOUR AMBIENT.
SUKENO

HENRY
CUIR

CHA
CANDLE HOUSE AOYAMA

Jaxson
INTERNATIONAL COLLECTION

CROCO
ART FACTORY

jaxson

Dancing Heart

Ci BONE
AOYAMA BELL COMMONS B1/B1D http://www.cibone.com

GLASS & MIRROR
大水硝子店

mmis
AOYAMA

L'ARCHITECTE DE L'ENFANT

Interior shop signs

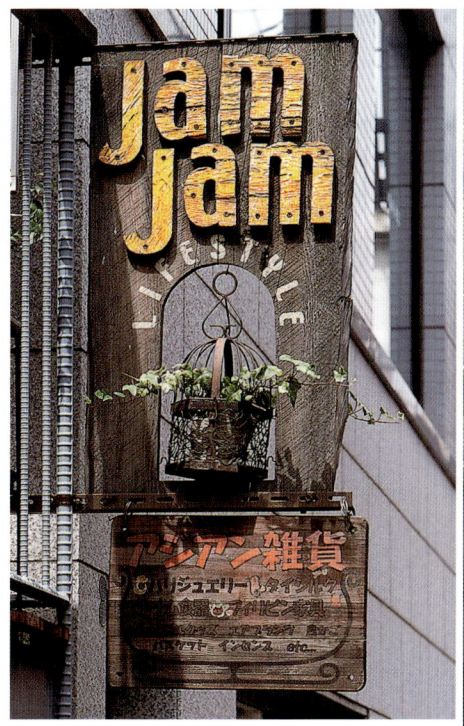

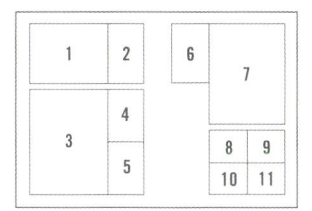

1	2	6	
		7	
3	4		
	5	8	9
		10	11

1,2. アンティーク＆雑貨　ダンシングハート本店
東京都渋谷区神宮前4丁目

3. インテリアショップ　シボネ 青山店
東京都港区北青山2丁目

4. ガラス＆ミラー　大水硝子店
東京都港区六本木3丁目

5. インテリア　MMIS 青山ショップ
東京都港区南青山6丁目

6. アジアン雑貨　ジャムジャム
横浜市中区元町4丁目

7. モダンファニチャー　ボーコンセプト
東京都港区南青山2丁目

8. アートドール　リヤドロ・センター銀座
東京都中央区銀座7丁目

9. インテリア雑貨　レイジースーザン 青山店
東京都港区北青山3丁目

10. セラトレーディング 乃木坂ショールーム
東京都港区南青山1丁目

11. クリスタル　スワロフスキー銀座直営店
東京都中央区銀座8丁目

1,2 Antique articles DANCING HEART Main shop
Jingu-mae, Tokyo

3. Interior shop CIBONE Aoyama
Aoyama, Tokyo

4. Glass & Mirror OMIZU GLASS
Roppongi, Tokyo

5. Interior MMIS Aoyama shop
Aoyama, Tokyo

6. Asian articles JAM JAM
Motomachi, Yokohama

7. Modern furniture BO CONCEPT
Aoyama, Tokyo

8. Art doll LLADRÓ Center ginza
Ginza, Tokyo

9. Interior articles LAZY SUSAN Aoyama
Aoyama, Tokyo

10. CERA TRADING Nogizaka showroom
Nogizaka, Tokyo

11. Crystal glass SWAROVSKI Ginza
Ginza, Tokyo

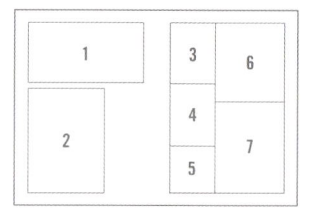

AOYAMA MIHONCHO / TAKEO Co.,Ltd.

1. 紙舗　青山見本帖本店
   東京都渋谷区神宮前5丁目
   設計：内田　繁＋スタジオ80　ロゴ：松永　真
2. 雑貨　ペリゴ横浜店
   横浜市中区元町4丁目
3. ミュージックブックス　エー＆エー
   東京都渋谷区神南1丁目
4. ソニーコミュニケーションスペース　ナガサカ
   東京都渋谷区宇田川町4
5. ミニカーギャラリー　ピット
   東京都渋谷区代官山町15
6. ブック＆コーヒー　リブロ 東池袋店
   東京都豊島区東池袋3丁目
7. ブック　熱風書房＆新風舎
   東京都港区南青山2丁目

1. Paper shop AOYAMA MIHONCHO Main shop
   Aoyama, Tokyo
   Design : Shigeru Uchida　Logo : Shin Matsunaga
2. Articles shop PERIGOT Yokohama
   Motomachi, Yokohama
3. Music books A and A
   Shibuya, Tokyo
4. Sony communication space NAGASAKA
   Shibuya, Tokyo
5. Mini-car gallery PIT
   Daikanyama, Tokyo
6. Books & Cafe LIBRO Higashi-ikebukuro
   Ikebukuro, Tokyo
7. Bookstore NEPPU SHOBO & SHINPUSHA
   Aoyama, Tokyo

Specialty shop signs

137

Dr.Ci:Labo
Medical Cosmetics

Dr.Ci:Labo
ドクターシーラボ
Dr.Ci:Labo
恵比寿店
OPEN 11:00
CLOSE 20:00
TEL
03-5720-8800

ORD
NIN
G&R
EDA

ukou
卯甲

disk
union
ディスクユニオン
新宿ジ

Specialty shop signs

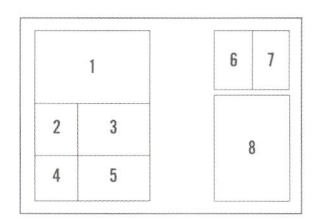

1	6 7
2 3	8
4 5	

1. メディカルコスメ　ドクターシーラボ銀座店
   東京都中央区銀座5丁目
2. メディカルコスメ　ドクターシーラボ恵比寿店
   東京都渋谷区恵比寿南1丁目
3. ステーショナリー　オーディング＆レダ
   東京都渋谷区猿楽町11
4. うつわのギャラリー　卯甲
   横浜市中区弁天通4丁目
5. ディスクユニオン新宿ジャズ館
   東京都新宿区新宿3丁目
6. シール＆ラベル　三浦マーク
   横浜市中区元町4丁目
7. はんこ　大島書印
   東京都港区麻布十番2丁目
8. アウトドアギア　フォックス原宿本店
   東京都渋谷区神宮前4丁目

1. Medical cosmetics DR. CI:LABO Ginza
   Ginza, Tokyo
2. Medical cosmetics DR. CI:LABO Ebisu
   Ebisu, Tokyo
3. Stationery ORDNING & REDA
   Daikanyama, Tokyo
4. Pottery gallery UKOU
   Kannai, Yokohama
5. DISK UNION Shinjuku jazz shop
   Shinjuku, Tokyo
6. Seal & Label MIURA MARK
   Motomachi, Yokohama
7. Seal shop OSHIMA SHOIN
   Azabu-juban, Tokyo
8. Outdoor gear FOX Flagship store Harajuku
   Jingu-mae, Tokyo

赤阪陽市 Week Day Open

LIQUOR SHOP FUJIYA

緑苑 高級中国茶

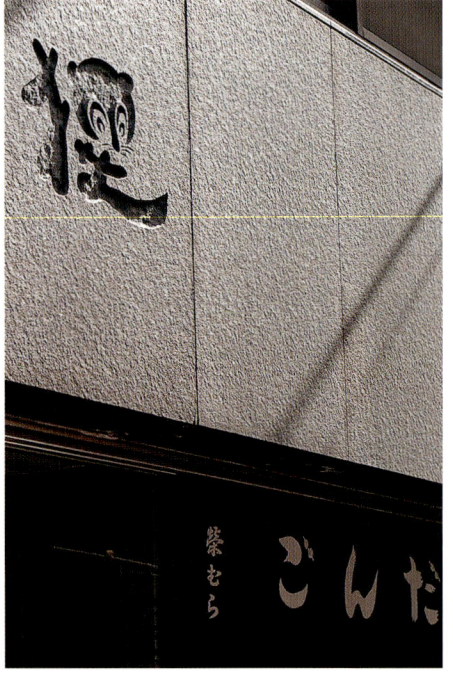

紫むら ごんだ

瑞花(ずいか)

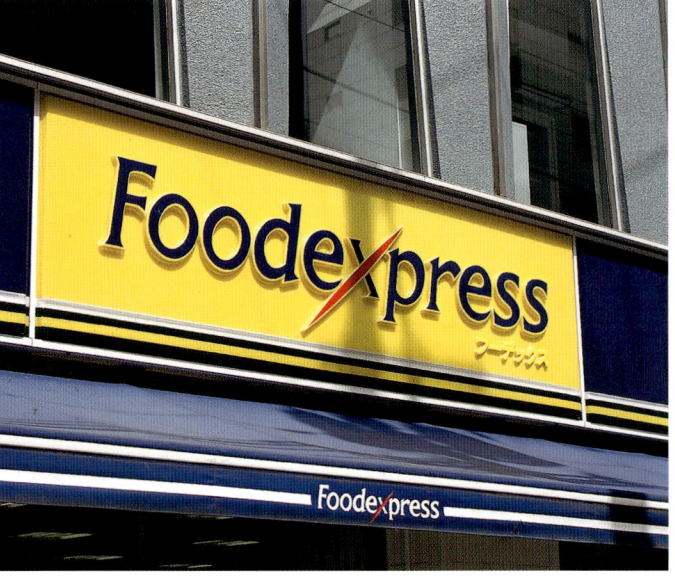

Foodexpress
Foodexpress

Food shop signs

	1		7
2	3	4	
			8
5	6	9	

1. スーパー吉池・赤坂市場
   東京都港区赤坂2丁目
2. リカーショップ　富士屋本店
   東京都渋谷区桜丘2
3. 中国茶　緑苑
   横浜市中区山下町220
4. 和菓子　榮むら・ごんだ狸
   東京都港区六本木4丁目
5. 新潟米菓　銀座瑞花
   東京都中央区銀座6丁目
6. スーパー食彩急便フーデックス六本木店
   東京都港区六本木3丁目
7. 煎豆・落花生・おかき　青山但馬屋
   東京都港区北青山2丁目
8,9 益子醤油の三年タマリ漬け 銀座店
   東京都中央区銀座7丁目
   設計：ST-デザイン
   グラフィック：サイプランニング

1. Supermarket AKASAKA ICHIBA
   Akasaka, Tokyo
2. Liquor shop FUJIYA Main shop
   Shibuya, Tokyo
3. Chinese tea shop RYOKUEN
   Chinatown, Yokohama
4. Japanese confection SAKAEMURA
   Roppongi, Tokyo
5. Rice confection shop Ginza ZUIKA
   Ginza, Tokyo
6. Supermarket FOODEXPRESS Roppongi
   Roppongi, Tokyo
7. Japanese confection Aoyama TAJIMAYA
   Kitaaoyama, Tokyo
8,9 Pickles shop MASHIKO-ZUKE Ginza
   Ginza, Tokyo　Design : ST-Design
   Graphic : Sai Planning

ORGANIC LIFE
NATURAL MART

ナチュラルマート
NATURAL MART

Organic & Natural

風土菓 桃林堂

沖縄宝島
SHINJUKU NIRAI

銀座 三万石

赤坂米穀販売
TEL 03-3583-2239

Specialty shop signs

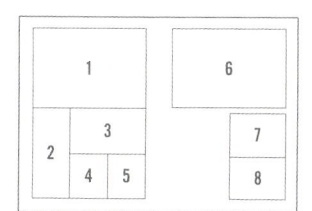

1. 自然食品　ナチュラルマート
   東京都渋谷区広尾5丁目
2. 風土菓　桃林堂青山店
   東京都港区北青山3丁目
3. 沖縄ショップ　沖縄宝島にらい新宿店
   東京都渋谷区代々木2丁目
4. 和菓子　銀座 三万石
   東京都中央区銀座6丁目　設計：櫓下設計
5. 米屋　赤坂米穀販売
   東京都港区赤坂2丁目
6. ネオコンビニ　ピカソ池袋東口店
   東京都豊島区東池袋1丁目
7. バイクショップ　サンダンス
   東京都港区東麻布3丁目
8. バイクショップ　福田モーターズ
   東京都港区赤坂2丁目
   設計：スーパーポテト　ロゴ：田中一光

1. Ecological food NATURAL MART
   Hiroo, Tokyo
2. Japanese confection ORINDO Aoyama
   Aoyama, Tokyo
3. Okinawa shop OKINAWA TAKARAJIMA Shinjuku
   Shinjuku, Tokyo
4. Japanese confection Ginza SANMANGOKU
   Ginza, Tokyo Design : Yagurashita Design
5. Rice shop AKASAKA BEIKOKU Hanbai
   Akasaka, Tokyo
6. Neo convenience store
   PICASSO Ikebukuro-higashiguchi
   Ikebukuro, Tokyo
7. Motorbike shop SUNDANCE
   Azabu, Tokyo
8. Motorbike shop FUKUDA MOTORS
   Akasaka, Tokyo Design : Super Potato
   Logo : Ikko Tanaka

quatre épice

2F gradog
motomachi 1-29

吉田美術
古物舗 吉田美術
Yoshida Art
ANTIQUITIES

Specialty shop signs

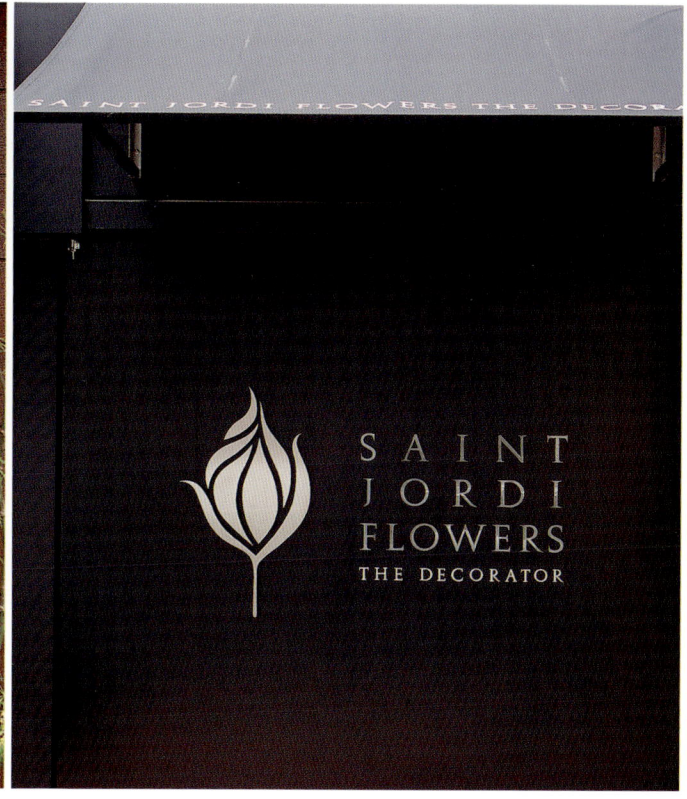

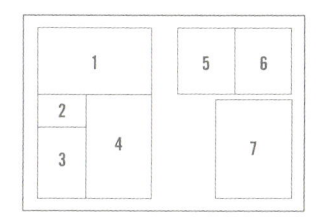

	1		5	6
2				
3	4		7	

1,2. ドッグウエア　キャトルエピス
　　 東京都渋谷区代官山町16
3.　ドッググッズ　グラドッグ
　　 横浜市中区元町1丁目
4.　古物舗　吉田美術
　　 横浜市中区元町4丁目
5.　骨董　西浦渌水堂
　　 東京都港区南青山6丁目
6.　サンジョルディ フラワーズ　ザデコレーター
　　 東京都渋谷区恵比寿3丁目
　　 設計：デザインスタジオ グラム　ロゴ：ヘルメス
7.　ルアー＆フライフィッシング　サンスイ池袋
　　 東京都豊島区東池袋1丁目

1,2. **Dog wear QUATRE ÉPICE**
　　　Daikanyama, Tokyo
3.　**Dog goods GRADOG**
　　　Motomachi, Yokohama
4.　**Antiquities YOSHIDA ART**
　　　Motomachi, Yokohama
5.　**Antique shop NISHIURA RYOKUSUIDO**
　　　Aoyama, Tokyo
6.　**SAINT JORDI FLOWERS The Decorator**
　　　Ebisu, Tokyo　Design : Studio GRAM　Logo : Hermes
7.　**Lure & Fly fishing shop SANSUI Ikebukuro**
　　　Ikebukuro, Tokyo

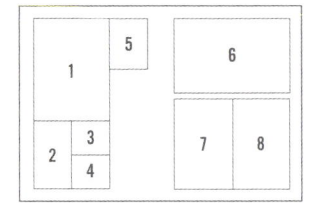

1. ウエディング施設　アニヴェルセル表参道
   東京都港区北青山3丁目　設計：カジマデザイン
   グラフィック：渋江建男
2. イベントスペース　モーダポリティカ
   東京都港区南青山6丁目
3. 山下画廊
   東京都中央区銀座7丁目
4. フォトスタジオ　六本木スタジオ
   東京都港区六本木4丁目
5. アートウエッブハウス 青山スタジオ
   東京都港区北青山1丁目
6. カップルズホテル　ラミッシェル
   東京都渋谷区円山町1
7. 銀座日航ホテル
   東京都中央区銀座8丁目
8. アパホテル 西麻布
   東京都港区西麻布4丁目

1. Wedding ANNIVERSAIRE Omote-sando
   Jingu-mae, Tokyo
   Design : Kajima Design Graphic : Tateo Shibue
2. Event space MODA POLITICA
   Aoyama, Tokyo
3. YAMASHITA GALLERY
   Ginza, Tokyo
4. Photo studio ROPPONGI STUDIO
   Roppongi, Tokyo
5. ART WEB HOUSE Aoyama Studio
   Aoyama, Tokyo
6. Couple's hotel LA MICHELLE
   Shibuya, Tokyo
7. GINZA NIKKO HOTEL
   Ginza, Tokyo
8. APA HOTEL Nishi-azabu
   Nishi-azabu, Tokyo

Hotel & Commercial facilities signs

LA MICHELLE

ginza nikko hotel
銀座日航ホテル

APA HOTEL
NISHI-AZABU
03-5766-4111

Swiss Chalet

SPACE LIVE

HOTEL DOMANI

IHARA GYM
KICK BOXING & FITNESS

Hotel & Commercial facilities signs

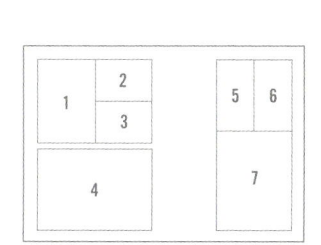

	2		5	6
1	3			
4			7	

1. 賃貸住宅ショールーム　レオパレスワールド新宿
   東京都新宿区西新宿1丁目
   設計：リカルド・トッサーニ
2. 不動産　スペースリブ
   東京都港区南青山5丁目
3. カップルズホテル　ドマーニ
   東京都豊島区西池袋1丁目
4. キックボクシング＆フィットネス　伊原ジム
   東京都渋谷区代官山町7
5. ホテルバーデン 六本木
   東京都港区六本木3丁目
6,7. カップルズホテル　オアーゼ
   東京都豊島区東池袋1丁目
   6.は外壁突き出しサイン、7.は入り口まわり

1. **Rental home showroom LEO PALACE WORLD Shinjuku**
   Shinjuku, Tokyo   Design : Riccardo Tossani
2. **Realty Dealer SPACE LIVE**
   Aoyama, Tokyo
3. **Couple's hotel DOMANI**
   Ikebukuro, Tokyo
4. **Kick boxing & fitness gym IHARA GYM**
   Daikanyama, Tokyo
5. **Hotel BADEN Roppongi**
   Roppongi, Tokyo
6,7. **Couple's Hotel O'A:ZƎ**
   Ikebukuro, Tokyo

149

1	2	4
3		5
		6

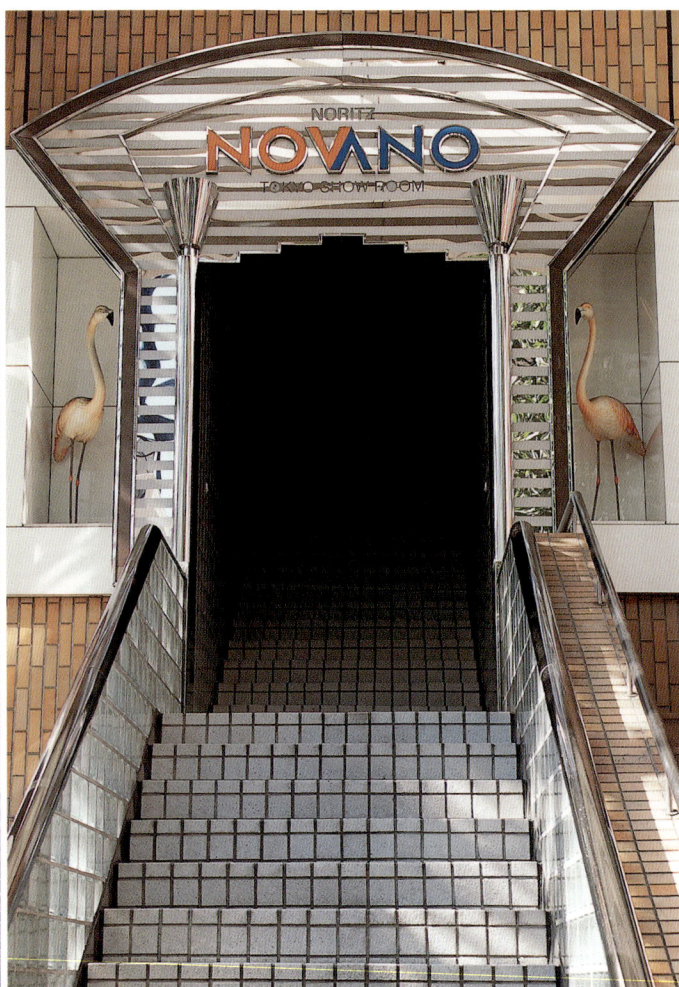

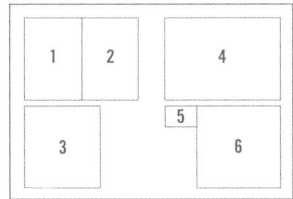

1. **CI プラザ**
   東京都港区北青山2丁目　設計：日建設計 東京
   シンボルデザイン：伊藤隆道

2. **ノーリツ東京ショールーム　ノバノ**
   東京都港区北青山2丁目

3. **フォトスタジオ　パオラスタジオ 恵比寿**
   東京都渋谷区恵比寿1丁目

4. **飲食ビル　フュージョンビル**
   東京都港区六本木7丁目

5,6. **ファッションビル　渋谷109**
   東京都渋谷区道玄坂2丁目
   デザイン：マーケットデザインオフィス
   設計施工：イマム　製造設置：ウララネオン

1. **CI PLAZA**
   Aoyama, Tokyo Design : Nikken sekkei Tokyo
   Symbol design : Takamichi Ito

2. **Noritsu Tokyo Showroom NOVANO**
   Aoyama, Tokyo

3. **Photo studio PAOLA STUDIO Ebisu**
   Ebisu, Tokyo

4. **Restaurant-bar bldg. FUSION**
   Roppongi, Tokyo

5,6. **Fashion bldg. SHIBUYA 109**
   Shibuya, Tokyo Design : Market Design Office

Hotel & Commercial facilities signs

	1	
2	3	
	4	

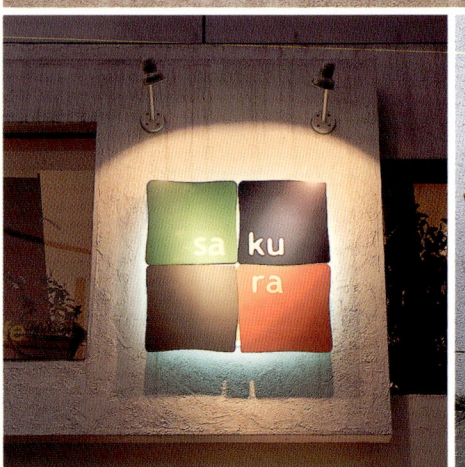

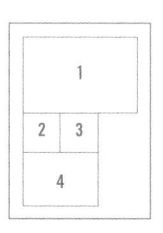

1. 飲食ビル　恵比寿楼
   東京都渋谷区恵比寿西1丁目
   設計：兼城祐作十造形集団

2. ギャラリー＆カフェ　サクラ
   東京都渋谷区神宮前4丁目

3. ハロウィンパーティー用サイン　シャンパンVCP
   東京都渋谷区神宮前5丁目
   パーティーのための一時的なサイン

4. ガラス美術館　駒
   岐阜県飛騨市古川町

1. **Restaurant-bar bldg. EBISURO**
   Ebisu, Tokyo　Design : Yusaku Kaneshiro

2. **Gallery & Cafe SAKURA**
   Jingu-mae, Tokyo

3. **Instant sign for Champagne VCP**
   Jingu-mae, Tokyo

4. **Glass art gallery KOMA**
   Hida city, Gifu

Amusement facilities signs

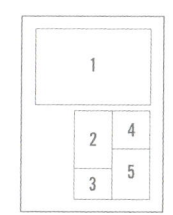

1. ゲームセンター 六本木ボルテックス
   東京都港区六本木7丁目
2. カラオケランド ジョイパート3
   東京都豊島区西池袋1丁目
3. カラオケ ゾーンウエスト
   東京都新宿区新宿3丁目
4. カラオケ ゾーンサウス
   東京都港区六本木5丁目
   設計：アスクプランニングセンター
5. カラオケ にゃんぷく
   横浜市中区住吉町3丁目

1. Game center Roppongi VORTEX
   Roppongi, Tokyo
2. Karaoke land JOY Part 3
   Ikebukuro, Tokyo
3. Karaoke room ZONE West
   Shinjuku, Tokyo
4. Karaoke room ZONE South
   Roppongi, Tokyo Design : Ask Planning Center
5. Karaoke room NYANPUKU
   Kannai, Yokohama

パチンコ パチスロ
パール

www.adores.co.jp
ADORES
アドアーズ
GAME
GAME

CANPARA

PACHINKO&SLOT

Amusement facilities signs

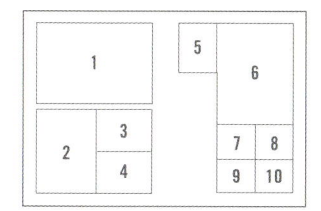

1. パチンコ&パチスロ　パール池袋店
　　東京都豊島区西池袋1丁目
2. ゲームセンター　アドアーズ サンシャイン店
　　東京都豊島区東池袋1丁目
3. カラオケ&パーティールーム　カンパラ
　　東京都港区赤坂3丁目
4. パチンコ&スロット　マルハン渋谷タワー
　　東京都渋谷区宇田川町28
5,6. カラオケ館新宿店
　　東京都新宿区西新宿1丁目　5.は昼景、6.は夜景
7. パチンコ&スロット　コンサートホール渋谷
　　東京都渋谷区道玄坂2丁目
8. ゲームセンター　渋谷ギーゴ
　　東京都渋谷区道玄坂2丁目
9. パチンコパーラー　エイトパート2
　　東京都豊島区東池袋1丁目
10. 漫画喫茶　まんがででゴー！伊勢佐木2号店
　　横浜市中区伊勢佐木町4丁目

1. Pachinko & slot PEARL Ikebukuro
　　Ikebukuro, Tokyo
2. Game center ADORES Sunshine
　　Ikebukuro, Tokyo
3. Karaoke & Party room CANPARA
　　Akasaka, Tokyo
4. Pachinko & slot MARUHAN Shibuya tower
　　Shibuya, Tokyo
5,6. KARAOKE-KAN Shinjuku
　　Shinjuku, Tokyo
7. Pachinko & slot CONCERT HALL Shibuya
　　Shibuya, Tokyo
8. Game center Shibuya GIGO
　　Shibuya, Tokyo
9. Pachinko parlor EIGHT Part 2
　　Ikebukuro, Tokyo
10. Comic cafe MANGA de GO Isezaki-2
　　Isezaki-cho, Yokohama

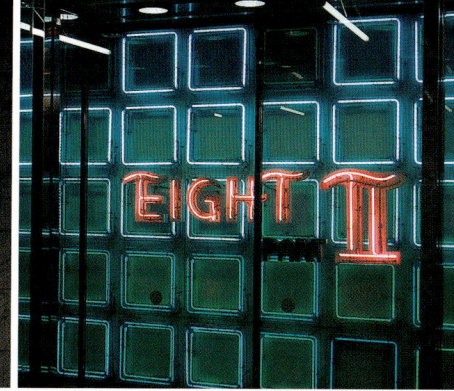

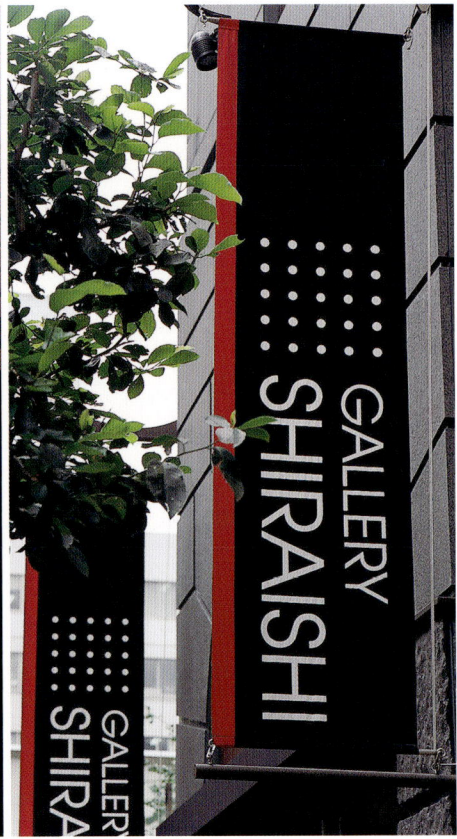

1	2	3		8	9
4	5				
6	7			10	11

1. オリジナル陶器・絵皿　ウンピアット
   東京都渋谷区円山町1
2. 美容室　フェイズ　東京都港区南青山3丁目
3. ギャラリー白石　東京都中央区銀座5丁目
4. めがね　グローブスペックス
   東京都渋谷区神南1丁目
5. 美容室　アーティスサロン ブルー 原宿店
   東京都渋谷区神宮前1丁目
6. セレクトブティック　ETS マテリオ
   東京都渋谷区神南1丁目
7. クリスタル　KC ジョーンズショップ
   東京都渋谷区代官山町2
8. 和食器　銀座夏野 青山店
   東京都渋谷区神宮前4丁目
9. スパイラルビル
   東京都港区南青山5丁目
10. ミュージアムショップ　MMF
    東京都中央区銀座7丁目
11. カフェ&レストラン　フレイムス
    東京都渋谷区猿楽町2

1. Hand paint plate UN PIATTO　　Shibuya, Tokyo
2. Beauty salon PHASE　　Aoyama, Tokyo
3. Gallery SHIRAISHI　　Ginza, Tokyo
4. Optical shop GLOBE SPECS Shibuya　　Shibuya, Tokyo
5. Hair make Artis Salon BLUE Harajuku
   Jingu-mae, Tokyo
6. Select boutique ETS MATÉRIAUX　　Shibuya, Tokyo
7. Crystal KC JONES　　Daikanyama, Tokyo
8. Japanese Tableware GINZA NATSUNO Aoyama
   Jingu-mae, Tokyo
9. SPIRAL bldg.　　Aoyama, Tokyo
10. Museum shop MMF　　Ginza, Tokyo
11. Cafe & Restaurant FRAMES　　Daikanyama, Tokyo

Banner signs

157

1		3	5
		4	
2		6	

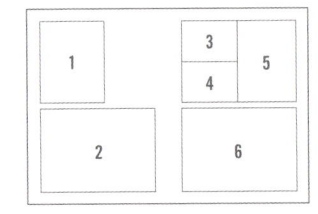

1. 茶房　大野屋
   岐阜県高山市三之町29
2,6.駄菓子　打保屋商店
   岐阜県高山市昭和町2-85
3. 木彫品　川上彫房
   岐阜県高山市大新町1-64
4. 春慶塗　福田屋
   岐阜県高山市上三之町63
5. 手作り工房　飛騨高山わらべ民芸
   岐阜県高山市大新町1-71

1. Tearoom ONOYA
   Kami-sannomachi, Takayama city
2,6.Cheap candy store UTSUBOYA Shoten
   Showa-machi, Takayama city
3. Wood carving KAWAKAMI CHOBO
   Oshin-machi, Takayama city
4. Lacquer ware FUKUDAYA
   Kami-sannomachi, Takayama city
5. Folk craft Hida-takayama WARABE MINGEI
   Oshin-machi, Takayama city

Shop curtain signs

LED signs

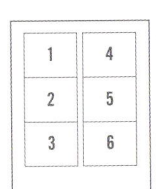

1	4
2	5
3	6

1-3. メンズウエア　ザ スーツカンパニー渋谷109-2店
東京都渋谷区神南1丁目
設計：博報堂　シーズ環境開発企画
ゆっくりとしだいに色彩が変化していくLEDサイン

4-6. 小田急百貨店新宿店本館
設計：小田急百貨店　乃村工藝社
さまざまなパターンで点滅しながら変化していく
電飾的な要素を持たせたLEDサイン

1-3. Men's wear THE SUIT COMPANY Shibuya 109-2
Shibuya, Tokyo　Design : Hakuhodo

4-6. ODAKYU Department store Shinjuku main shop
Shinjuku, Tokyo　Design : Odakyu+Nomura Kogeisha